LES MAUX PAR LES MOTS

Jacqueline Cahen
Marie-Rose Lefèvre

Les Maux par les mots

Guide de lectures thérapeutiques

MERCURE DE FRANCE
MCMLXXXIX

ISBN 2-7152-1578-9

26, rue de Condé – 75006 Paris.
Imprimé en France

SOMMAIRE

Remerciements 11
Introduction 13

I – PASSIONS ET DÉSORDRES DE L'ESPRIT 15

LES ÉTATS DE CRISE 17
Mégalomanie 18
Colère 20
Misogynie 22
?????????? 24
Détresse nocturne 25
Méchanceté 27
Neurasthénie (accès de) 30
Hargne 31
Rut (Fièvre sexuelle) 33
Claustrophobie 35
Pessimisme 37
Impatiences 39

LES ÉTATS LATENTS 45
Inhibition 46
Soif d'absolu 48
Spleen 50
Déprime 52

Confusion mentale 53
Vague à l'âme 55
Grain de folie 56
Indigestion civique 59
Insatiabilité 61
Bout du rouleau 63

II – LES TROUBLES DU CORPS 65

Aphasie 69
Ataxie locomotrice 70
Boulimie 73
Chutes de calcium, de magnésium 75
Continence 77
Contraception visuelle 79
Courbatures 81
Étouffements 83
Fiasco sexuel 84
Forte fièvre 88
Le hoquet 90
Inappétence 92
Insomnie 95
Intoxication alcoolique 97
Migraines 98
Palpitations 100
Rhinite 103
Stress 105

III – LE COIN DE LA MÉDECINE ORIENTALE 109

Calligraphie 110
Désordre intérieur 111
Agitation 113
Angoisse 115
Hygiène 118

IV – QUART D'HEURE DE CULTURE MÉTAPHYSIQUE 119

V – LE MAL D'AMOUR 123

Timidité 125
Scènes conjugales 129
Crainte de l'éphémère 132
Détresse amoureuse 134
Éloignement 136
Chagrin d'amour 139
Échec 141
Fièvre sexuelle (chaleurs) 144
Jalousie 146

VI – FACE AUX ÉPREUVES DE L'EXISTENCE 149

Faire-part 150
Exil 151
Castration matrimoniale 154
Approche de la mort 155

Poésologie 157
Asthénie du noctambule 158
Deuil 160
Quitter sa maîtresse 163
Surmenage urbain 166
Surmenage domestique 168
Surmenage intellectuel 172
Ivresse 174
Séparation 176
Divorce 178
Intolérance 181
Divergence de vues avec son père 183
Hantise de la mort 186
50 ans de mariage 191
Indigestions mondaines 193
Hiver trop long 196
Veille forcée 198
Suicide 200
Mal du pays 202
Sectarisme 206

ÉPILOGUE 209
Mots clés 211
Crédit des illustrations 215
Crédit des textes 217
Documents annexes 225

REMERCIEMENTS

Nous remercions chaleureusement tous ceux qui nous ont répondu et ont ainsi fourni la matière de base de cet ouvrage (y compris ceux dont les réponses ne figurent pas dans ce volume). Nous leur devons le choix des textes présentés.

Nous remercions également Béatrice Gartenberg qui fut à l'origine du projet, Ned Burgess, Michel Butel, Jean-Pierre Sergent, et M. le professeur Hamburger qui, le premier, nous conseilla la lecture de *The Anatomy of Melancholy* de Robert Burton.

AVEC L'AIMABLE PARTICIPATION DE...

Kathy Acker – Serhan Ada – Al Pavl – Hamid Amara – Nadine Ballot – Sylviane Beder – Juliet Berto – Nicolas Bréhal – Julien Blaine – Jean-François Bory – Catherine Bousquet – Madame Cabau – Dr Jacques Cahen – Sylvain Cahen-Delabre – Antoine de Cazotte – J.-C. Chabannes – Bernard Cohn – Michel Collet – Marlyse Croson-Minem – Claire Devarrieux – Charles Dreyfus – Mounir Dridi – Élisabeth D. – Marie-Christine Erlinger – Faton – Jean-Chrétien Favreau – Esther Ferrer – Alain Frontier – Maurice Frot – Philippe Garrel – Denis George – Isabelle Hamet – André Illan – Ramdane Issaad – Arnaud Labelle-Rojoux – Jean Lagache – Philippe Le Hérissé – Bertrand Lebeau – Didier Malherbe – Michel Mardore – Claude Merlin – Gérald Musch – Raja Nasrallah – Douglas Oliver – Orlan – Ramiro Osorio – Dr Micheline Phankim – Mireille Prigent – Éric Sarner – Daniel Schell – Alain Schifres – Judith Seffer – Yochk'o Seffer – Gerry Shikatani – Robert Talar – William Tanifeani – Philippe Thureau-Dangin – Ornella Tondini – Annie Vacelet – Barbara Vieille.

INTRODUCTION

Que vous soyez inhibé, aphasique, mal marié, colérique ou courbatu, vous trouverez dans cet ouvrage – que nous avons conçu comme un véritable manuel de soulagement – de quoi vous guérir. Rivalisant avec la médecine naturelle, nous vous offrons un nouvel art de vivre : la médecine littéraire.

Pour réaliser ce livre nous avons envoyé ou fait passer à nos amis et connaissances la question suivante : « Vous est-il déjà arrivé, lors d'une souffrance morale ou physique, d'être immédiatement soulagé par la lecture d'un texte littéraire et poétique ? »

L'heureuse surprise fut le grand nombre de réponses positives. Ces réponses ont été rédigées sur des fiches que nous avions établies à partir des modèles pharmaceutiques. Vous en trouverez un exemplaire en annexe page 227. Le choix des textes proposés nous a parfois étonnées. Il nous a fallu comprendre quel était le lien secret qui unissait le prescripteur à son morceau choisi. Certains textes ont nécessité des heures de réflexion avant que ne se dévoile la raison de leur envoi. Nous avons généralement remis en scène les commentaires, mais à chaque fois qu'apparaissent les formulations « Indications, Contre-indications, Posologie et mode d'emploi, Précautions, Effets secondaires », nous citons textuellement les réponses au questionnaire. Ce choix, que nous nous sommes abstenues de corriger, est le reflet d'une sensibilité. Ce qui explique qu'un même auteur soit cité deux ou trois fois. Si nous avions écrit ce livre en Castille ou en Irlande, les réponses obtenues auraient révélé des préoccupations différentes, donc d'autres indications et peut-être d'autres lectures.

Toutes les réponses sélectionnées relatent des situations authentiquement vécues. Tous les textes cités ont été au moins une fois le remède à un mal. Essayez-les. Jouez avec les indications.

Comme pour les médicaments, une même thérapeutique ne donne pas unanimement les mêmes résultats. Ne vous découragez pas si une première tentative échoue, choisissez une autre prescription. Il y a des traitements de choc, il y a aussi un coin de médecine orientale.

Dans cet ouvrage où vous trouverez de quoi rire, lire et guérir vos maux par des mots, nous espérons vous donner du plaisir. Nous n'avons tenté que de nous couler dans le berceau d'un des grands parmi les plus grands, Borgès : *...(écrire) pour quelques amis et pour adoucir le cours du temps.*

Les auteurs
Paris/Sauzon
Juillet 1988

I

PASSIONS ET DÉSORDRES DE L'ESPRIT

Flux, reflux, calme, tempête : innombrables sont les raisons qui nous entraînent à la déraison. C'est à Robert Burton, pasteur anglais du XVIIe siècle, que nous avons emprunté le titre de ce chapitre. Souffrant lui-même de troubles maniaco-dépressifs, il a dressé une liste exhaustive des traitements de la dépression dans *The Anatomy of Melancholy*, admirable ouvrage où, s'appuyant sur les poètes anciens, il décrit des états morbides et propose des remèdes.

Troubles de l'âme, mélancolie profonde qui paralyse les fonctions du corps et de l'esprit, à chaque époque les écrivains ont abondamment traité le sujet, peut-être parce que l'écriture a aussi ce pouvoir : guérir. C'est une thérapie, autant pour celui qui la produit que pour celui qui la reçoit. Henri Michaux l'exprime clairement dans la postface d'un de ses livres :

> Par hygiène, peut-être, j'ai écrit *Mes Propriétés*, pour ma santé.
> Sans doute n'écrit-on pas pour autre chose. Sans doute ne pense-t-on pas autrement. (...)
> Ce livre, cette expérience donc qui semble toute venue de l'égoïsme, j'irais bien jusqu'à dire qu'elle est sociale, tant voilà une opération à la portée de tout le monde et qui semble devoir être si profitable aux faibles, aux malades et maladifs, aux enfants, aux opprimés et inadaptés de toute sorte.
> Ces imaginatifs souffrants, involontaires, perpétuels, je voudrais de cette façon au moins leur avoir été utile.
>
> Henri Michaux
> *Mes Propriétés*

Avec ce chapitre « Passions et désordres de l'esprit », divisé en deux sections : « Les états de crise » et « Les états latents », nous espérons, nous aussi, pouvoir vous être utiles.

LES ÉTATS DE CRISE

Rien ne va plus. C'est la crise. Votre corps est assailli par le débordement de vos humeurs (bile, chassie, chyle, flegme, glaire, ichor, larme, lymphe, morve, pituite, pus, roupie, salive, sang, sanie, sueur, synovie). Que faire? Vous pouvez essayer la recette de tisane à base d'endives ou d'hellébore, pincer le serin, prendre une grande respiration et tenter de visualiser le coucher du soleil sur Istanbul depuis la terrasse du café *Pierre Loti*, ou... avoir recours aux prescriptions suivantes.

Mégalomanie

Par nature, le traitement de la mégalomanie ne relève pas de l'automédication. On supporte très bien l'idée de son propre génie. Pour soi, le recours au *haïku* * relèvera d'une pratique hygiénique. Mais quelqu'un de votre entourage est en crise. Elle dure, elle s'enfle. Vous vous sentez investi de la tâche ingrate de percer la baudruche, sachant que vous risquez l'incident diplomatique, sinon la brouille définitive. Ne vous laissez pas aller au mot « vermisseau » qui vous obsède depuis le début de la crise, sortez plutôt ce gracieux haïku :

Pluie de juin
Le toit de la latrine où je fais de l'eau
Fuit

Kanrô
Le livre du haïku

* Le *haïku* est un poème classique japonais composé obligatoirement de 17 syllabes.

Ce texte donne aussi d'excellents résultats dans les indigestions bénignes (nous précise un jeune chercheur de la Haute-Saône).

Colère

Bien sûr, vous êtes un non-violent affirmé, militant, etc. Et pourtant!... Vous la connaissez cette bouffée qui monte des orteils, vous coupe le souffle, passe de la gorge à la nuque et envahit votre cerveau d'une brume rouge ou noire, selon les clichés. Que vos pulsions soient auto- ou exo-destructrices ne change rien à l'affaire : si vous n'avez sous la main ni souffre-douleur, ni vase précieux, vous êtes bon pour les crampes, la migraine ou la déprime.

Si vous êtes sujet à ces violents accès, vous vous sentirez beaucoup mieux en adoptant ce remède souverain, dès que la boue infâme de la colère vous submerge : dire entre les dents sur un ton de rage contenue cette *Réponse des Cosaques Zaporogues au Sultan de Constantinople.*

Essayez. Ouf! Que c'est bon.

Plus criminel que Barrabas
Cornu comme les mauvais anges
Quel Belzébuth es-tu là-bas
Nourri d'immondice et de fange
Nous n'irons pas à tes sabbats

Poisson pourri de Salonique
Long collier des sommeils affreux
D'yeux arrachés à coup de pique
Ta mère fit un pet foireux
Et tu naquis de sa colique

Bourreau de Podolie Amant
Des plaies des ulcères des croûtes
Groin de cochon cul de jument
Tes richesses garde-les toutes
Pour payer tes médicaments

Guillaume Apollinaire
La Chanson du Mal-Aimé

Il vaut mieux éviter de déclamer ce texte dans un lieu public. Et quel que soit l'état de rage où vous vous trouvez, nous vous déconseillons de le hurler dans l'oreille d'un parent avare et malade.

Misogynie

Nous connaissons un metteur en scène de cinéma qui souffre régulièrement (certains de ses films en témoignent) de crises aiguës de misogynie. Pour se calmer il lit Baudelaire, Théophile Gautier, Rimbaud, Verlaine. Connaissant son goût du contre-emploi, nous avons choisi ce texte de Verlaine, espérant ainsi le remettre dans le droit chemin. Mission accomplie.

Une lecture attentive et lente favorise la reprise des pratiques câlines.

La tristesse, la langueur du corps humain
M'attendrissent, me fléchissent, m'apitoient.
Ah surtout quand des sommeils noirs le foudroient,
Quand les draps zèbrent la peau, foulent la main

Et que mièvre dans la fièvre du demain,
Tiède encor du bain de sueur qui décroît,
Comme un oiseau qui grelotte sur un toit!
Et les pieds, toujours douloureux du chemin!

Et le sein, marqué d'un double coup de poing
Et la bouche, une blessure rouge encor,
Et la chair frémissante, frêle décor!

Et les yeux, les pauvres yeux si beaux où point
La douleur de voir encore du fini!...
Triste corps! Combien faible et combien puni!

Paul Verlaine
Sagesse III-X

En cure rapide, on peut se contenter des quatre premiers vers du poème de Baudelaire intitulé *Les aveugles :*

Contemple-les, mon âme; ils sont vraiment affreux!
Pareils aux mannequins; vaguement ridicules;
Terribles, singuliers comme les somnanbules;
Dardant on ne sait où leurs globes ténébreux.

Charles Baudelaire
Tableaux parisiens XCII

Il s'agit des hommes bien sûr.

CONTRE-INDICATION : Éviter la lecture parallèle de Nietzsche. Ne jamais lire les préfaces.

En cas d'apparition d'un léger complexe d'infériorité, stopper le traitement.

???????????

Nous aurions beaucoup aimé vous proposer une indication thérapeutique faisant pendant au traitement de la misogynie. Hélas! le fourgon postal transportant le courrier (extrêmement abondant) traitant de cette question – à savoir les états de crise provoqués chez la femme par le comportement masculin – ce fourgon postal, donc, a été victime d'un attentat non encore revendiqué au moment de la mise sous presse de cet ouvrage.

Nous ne manquerons pas, dans une prochaine publication, de passer en revue toutes les expressions psychiques ou physiques de ces états, ainsi que les remèdes proposés.

Détresse nocturne

Si vous êtes en attente de quelque chose d'autre... Si votre quête n'est rien moins que l'infini. (Vous n'y pouvez rien! enfant déjà vous étiez ainsi.) S'il est entre 2 heures et 6 heures du matin, et que le désespoir est total, suivez le conseil d'une romancière américaine contemporaine : mettez-vous au lit avec une bouteille de whisky et plongez-vous dans la lecture de *Moby Dick*, dont voici les premières lignes :

MIRAGES

Je m'appelle Ishmaël. Mettons. Il y a quelques années, sans préciser davantage, n'ayant plus d'argent ou presque et rien de particulier à faire à terre, l'envie me prit de naviguer encore un peu et de revoir le monde de l'eau. C'est ma façon à moi de chasser le cafard et de me purger le sang. Quand je me sens des plis amers autour de la bouche, quand mon âme est un bruineux et dégoulinant novembre, quand je me surprends arrêté devant une boutique de pompes funèbres ou suivant chaque enterrement que je rencontre, et surtout lorsque mon cafard prend tellement le dessus que je dois me tenir à quatre pour ne pas, délibérément, descendre dans la rue pour y envoyer dinguer les chapeaux des gens, je comprends alors qu'il est grand temps

> de prendre le large. Ça remplace pour moi le suicide. Avec un grand geste, le philosophe Caton se jette sur son épée; moi, tout bonnement, je prends le bateau. Rien de surprenant à ça. Chaque homme, à quelque période de sa vie, a eu la même soif d'Océan que moi.
>
> Herman Melville
> *Moby Dick*

Peut-être n'avez-vous jamais souffert de cette soif d'infini. Ne vous inquiétez pas. Vous pouvez vous marier et devenir de bons époux. Quant à ceux qui sont déjà engagés dans la recherche d'un idéal, ils doivent savoir qu'ils ont de grandes chances de rester pauvres.

Méchanceté

Nuit sans lune, ou bielle coulée, ou rien, vous êtes méchant, méchant. Votre noirceur et vos rancœurs putrescentes commencent à vous déstabiliser. Seul un texte encore plus noir vous soulagerait, précipitez-vous sur l'admirable extrait du drame de Milosz, *Don Juan*, une peinture à l'encre noire d'un curieux amoureux. La scène se passe dans les oubliettes de la Tour du Nord au château de Rubezähl.

Don Juan s'adresse à Lola de Trémeur :

Essayez de chanter, mon pauvre oiseau aveugle.
Car je rêve que vous êtes un petit oiseau qui grelotte
Dans sa cage et qui n'a pas mangé,
Et qui ne verra plus jamais le doux soleil
Parce que des enfants méchants lui ont crevé
Les yeux avec un brin de paille.
– Dites-moi, Lola, quels noms lui donniez-vous, à l'Autre?
Il était beau, n'est-ce pas, avec ses bras d'athlète
Et vous aimiez à vous sentir petite fille,
Toute petite fille, lorsque son bon plaisir
Vous permettait de vous asseoir sur ses genoux...
Ne pleurez pas; vous ne mourrez peut-être pas
Aujourd'hui; vous ne m'avez pas encore donné
Toute la luxure de pitié que vous me devez.
Regardez-vous dans ce miroir; voyez comme la peur
Agrandit vos yeux, et comme vos joues sont pâles
Et comme je suis laid avec cette balafre
Sur mon front, souvenir d'un gros bâton moral

Qui voulait enseigner la franchise à l'enfant
Faible et triste qui n'osait pas lever les yeux.
Quand vous dormiez sur sa poitrine chaude et velue
Ne rêviez-vous pas de moi, de temps en temps, Lola?
Aimait-il votre petit cri de chasteté?
Y avait-il un miroir près de votre lit?
Non, ne me touchez pas; votre bouche est trop douce
Pour ce front souillé par la honte de penser.
Vous êtes dolente comme une princesse de légende
Et si frêle, si pâle, si maladive. Quoi?
Pour une toute petite épingle que j'enfonce
Dans votre sein, comme l'on pique un papillon,
Vous poussez des cris de mort? Mais j'aime cela!
Une femme est tellement femme quand elle souffre.
– Lorsque j'étais enfant, je tuais par amour
Les faibles fleurs des champs aux couleurs suppliantes,
Je rabattais leurs pétales comme on ferme les yeux
Des petites filles mortes, et je pleurais de joie
Et de deuil, et j'avais doucement mal à l'âme...
– Lui parliez-vous de moi? Riait-il de bon cœur
Lorsque vous imitiez mes gestes de malade
Ou bien ce froncement de sourcils qui me fait
Ressembler aux surnies aveuglées par le jour?
Oh! je suis sûr que vos yeux trop grands d'orpheline
Se remplissaient de larmes quand il vous demandait
D'un air narquois, en s'appuyant sur son épée,
Des nouvelles de mon bras gauche paralysé...
– Il y a, dehors, un tendre soleil de printemps,
Les vieux saules pleureurs frissonnent dans les brises,
Les nénuphars dormants se mirent dans l'eau blonde
Et les savantes hirondelles font leurs nids...
Mais Lola ne reverra jamais ces douces choses,
Jamais, jamais, parce qu'elle n'est pas fidèle,
Parce que ses nerfs de jeune fille plaintive
Aiment l'anatomie des beaux hommes querelleurs.
J'aime beaucoup ce battement pressé de votre cœur :
Il y a là de la révolte et de l'angoisse,
Et du remords aussi, – un bon petit remords
Bien lancinant. Avec tout ce charme d'horreur
Vous seriez un précieux trésor pour un vieillard
Réduit aux salacités extraordinaires...
Je vous jure, Lola, que, depuis que vous êtes
Séquestrée ici, loin du jour, je ne bois plus,

Je ne joue plus, mes nerfs sont tout à fait honnêtes.
– A la clarté de cette lampe de fossoyeur
Vous ressemblez au bel adolescent qu'un soir,
Il y a sept ou huit ans, sans trop savoir pourquoi,
Pendant trois ou quatre heures j'ai suivi par les rues
De Cologne : un horrible et doux pressentiment
De corbeau me poussait. Jamais je n'oublierai
Le long sanglot que fut le bruit de cette chute
D'enfant amoureux, dans le Rhin sentimental...
– Voilà pourquoi j'aime tant le vin d'Allemagne.

O.V. de L. Milosz
Extrait du tableau VI
de *Don Juan*

Neurasthénie (accès de)

Il y a des spécialistes de l'asthénie, la mélancolie, la déprime, l'abattement, la tristesse. Des victimes sur qui un sort ironique semble s'acharner jusqu'à les réduire à l'état de loques. Des êtres infortunés qui attirent les fléaux, les catastrophes, la désolation, le malheur. Là, immédiatement, vous vous reconnaissez, vous dégustez en connaisseur Montaigne lorsqu'il assure : *La plus calamiteuse et frêle de toutes les créatures, c'est l'homme.* Eh bien, à calamiteux, calamiteux et demi, préférez-lui cette proposition que nous avons recueillie auprès d'un grand triste :

INDICATION : Moral au plus bas.
CONTRE-INDICATION : Pisse-froid.
POSOLOGIE ET MODE D'EMPLOI : Peut être récité à n'importe quelle heure de la journée (fait beaucoup d'effet quand hurlé dans l'autobus ou le métro).
PRÉCAUTIONS : Attention aux dentistes.

J'ai mal à la dent
D'être décadent!

Stéphane Mallarmé
Dédicaces, autographes, envois divers XCIII

Hargne

Vous n'avez pas atteint à la perfection obsessionnelle du Nain Grincheux; vous n'assurez pas non plus le rôle permanent de l'incurable mégère. Mais vous n'êtes pas à l'abri de ces accès de mauvaise humeur (bien connus des automobilistes), se traduisant par des propos acerbes ou un comportement querelleur. Lorsque vous subissez ces crises qualifiées d'humeurs congénitales par notre correspondant de Château-Landon, ayez recours au grand texte de l'un des plus grands poètes contemporains, *Le Grand Combat*, du grand Michaux.

Mais attention, contrairement aux apparences, les six premiers vers ne suffisent pas. Absorber entièrement, le remède est au fond du flacon.

LE GRAND COMBAT

Il l'emparouille et l'endosque contre terre;
Il le rague et le roupète jusqu'à son drâle;
Il le pratèle et le libucque et lui barufle les ouillais;
Il le tocarde et le marmine.
Le manage rape à ri et ripe à ra.
Enfin il l'écorcobalisse.

L'autre hésite, s'espudrine, se défaisse, se torse et se ruine.
C'en sera bientôt fini de lui;
Il se reprise et s'emmargine... mais en vain
Le cerceau tombe qui a tant roulé.
Abrah! Abrah! Abrah!
Le pied a failli!
Le bras a cassé!
Le sang a coulé!
Fouille, fouille, fouille,
Dans la marmite de son ventre est un grand secret
Mégères alentour qui pleurez dans vos mouchoirs;
On s'étonne, on s'étonne, on s'étonne
Et on vous regarde
On cherche aussi, nous autres, le Grand Secret.

Henri Michaux
Qui je fus

MODE D'EMPLOI : Dès que survient la crise, en pensée, à voix basse ou à voix forte, seul ou en compagnie, à toute heure, à tout âge.
CONTRE-INDICATIONS : Ectoplasmes.
EFFETS SECONDAIRES : Lueurs dans la brume, états d'âme.

Rut (fièvre sexuelle)

Vous en connaissez les symptômes. Cet état périodique et récurrent (annuel, saisonnier, mensuel?) se manifeste chez certains mammifères par un comportement exubérant : rugissement, brame, feulement, accouplements sauvages, etc.

Lorsque l'homo sapiens ne peut assouvir son besoin physiologique d'amour, l'interdit socio-culturel est en général assez fort pour freiner ces attitudes qualifiées de bestiales (on ne voit guère de femmes en tailleur Chanel se rouler sur les pelouses des Buttes-Chaumont en poussant des cris rauques). En corollaire le corps alors a l'air d'envahir l'esprit. Le rut devient chez l'humain une idée fixe. Dans ces conditions, les raffinements littéraires font rarement le poids. Néanmoins, après avoir subi de multiples crises, nous avons expérimenté avec succès les quelques lignes suivantes :

> On n'a plus rien à donner aux autres et on ne peut pas être altruiste quand on a tout perdu dans l'acte sexuel qui fait semblant de donner quelque chose mais qui en réalité ne donne rien parce que le gouffre mortifère y volatilise

votre libre arbitre dans le creux vide du cervelet.

Antonin Artaud
Nouveaux Écrits de Rodez

Par sa force peut-être, c'est à la première lecture un texte irritant. Mais il introduit le doute et oblige à réfléchir. A ce stade il est nécessaire de faire l'effort de l'apprendre par cœur. Tous les mots se gravent dans la mémoire et sonnent chaque fois plus justes à chaque relecture.

Répétez le texte lentement à voix haute jusqu'à ce que le néo-cortex reprenne sa domination sur le cerveau reptilien et que la bête en vous s'apaise.

Attention cependant aux effets secondaires : une fois mémorisé, le texte peut resurgir de façon incongrue, à votre insu. Par exemple au cours du coït. Il est alors impératif de réfréner l'envie de faire partager sa culture à son partenaire. Nous vous conseillons comme antidote de recourir à un poème élégiaque de votre choix. Si vous avez Ovide en mémoire c'est parfait, sinon cette chanson des Beatles fera très bien l'affaire :

She loves you yeah yeah yeah
She loves you yeah yeah yeah
She loves you
You know that can't be bad

Claustrophobie

Dans le métro à six heures du soir, après une laborieuse journée passée dans un bureau minuscule, vous êtes saisi d'un malaise. Oppression, nausées, la tête dans un étau, vous souffrez. Alentour, rien ni personne pour vous aider. Le manque d'espace rétrécit votre vision du monde, seule surnage la médiocrité ambiante. Fermez les yeux. A l'école déjà, peut-être aviez-vous eu la chance de rencontrer Apollinaire? Il vous avait soustrait à la monotonie de la claustration scolaire. Souvenez-vous :

Oiseau tranquille au vol inverse oiseau
Qui nidifie en l'air
A la limite où notre sol brille déjà
Baisse ta deuxième paupière la terre t'éblouit
Quand tu lèves la tête

Et moi aussi de près je suis sombre et terne
Une brume qui vient d'obscurcir les lanternes
Une main qui tout à coup se pose devant les yeux
Une voûte entre vous et toutes les lumières
Et je m'éloignerai m'illuminant au milieu d'ombres
Et d'alignements d'yeux des astres bien-aimés

Oiseau tranquille au vol inverse oiseau
Qui nidifie en l'air
A la limite où brille déjà ma mémoire

Baisse ta deuxième paupière
Ni à cause du soleil ni à cause de la terre
Mais pour ce feu oblong dont l'intensité ira s'augmentant
Au point qu'il deviendra un jour l'unique lumière

Guillaume Apollinaire
Cortège (extrait)

Prescription déconseillée aux personnes souffrant de tendances paranoïaques. Attention aux vertiges. Lire silencieusement en laissant libre cours à l'imagination visuelle.

On trouvera aussi un grand soulagement en mimant au ralenti la lecture de ce texte, en cas de douleurs provoquées par une arthrose cervicale.

Pessimisme

Vous êtes serein, trop serein; une grosse tuile ne peut que vous tomber sur la tête incessamment sous peu.

A b c d e f
g h i j k l
m n o p q r
s t u v w

x y z

Louis Aragon
Suicide

Oui, ça fait très mal. Nous en sommes conscientes. Mais on peut considérer qu'après la lecture de ce poème période dada d'Aragon, plus rien de très grave ne vous arrivera aujourd'hui; poursuivez donc en toute quiétude la lecture de ce merveilleux ouvrage.

POSOLOGIE ET MODE D'EMPLOI : Lire entre les lignes pendant une durée égale au temps qu'il vous a fallu pour tomber sur la bonne page.

CONTRE-INDICATION : Lettristes de tout poil anciens et modernes.

Prescrit par l'animateur du *Projet Distingo.*

Impatiences

Comment échapper à ces fourmillements qui prennent parfois possession de votre personne? C'est par exemple à la Toussaint, sous la pluie, quand rien ne bouge alentour et que les promesses de satisfaction de l'esprit ou du corps semblent repoussées à l'infini. Mais ce peut être à tout moment que votre impatience pressent des plaisirs qui ne s'offrent pas. D'aucuns choisissent de se laisser envahir par la musique. Les vibrations élastiques du son leur fournissent un berceau propice à l'imagination sensuelle et visuelle.

Certaines poésies agissent pareillement. Ce n'est pas leur signification qui importe en priorité. Il se peut en effet que les quelques lignes auxquelles votre œil va s'accrocher d'abord vous agressent comme un fatras de vieilleries. Prenez votre temps. Laissez ce texte agir comme la musique et investir chaque parcelle de votre corps.

L'Après-midi d'un Faune c'est une histoire d'atmosphère.

Visualisez. Entendez. C'est aussi exubérant qu'une superproduction de Cecil B. de Mille.

LE FAUNE

Ces nymphes, je les veux perpétuer.
                                        Si clair,
Leur incarnat léger, qu'il voltige dans l'air
Assoupi de sommeils touffus.

                                  Aimai-je un rêve?
Mon doute, amas de nuit ancienne, s'achève
En maint rameau subtil, qui, demeuré les vrais
Bois mêmes, prouve, hélas! que bien seul je m'offrais
Pour triomphe la faute idéale de roses.
Réfléchissons...

                      ou si les femmes dont tu gloses
Figurent un souhait de tes sens fabuleux!
Faune, l'illusion s'échappe des yeux bleus
Et froids, comme une source en pleurs, de la plus chaste :
Mais, l'autre tout soupirs, dis-tu qu'elle contraste
Comme brise du jour chaude dans ta toison?
Que non! par l'immobile et lasse pâmoison
Suffoquant de chaleurs le matin frais s'il lutte,
Ne murmure point d'eau que ne verse ma flûte
Au bosquet arrosé d'accords; et le seul vent
Hors des deux tuyaux prompt à s'exhaler avant
Qu'il disperse le son dans une pluie aride,
C'est, à l'horizon pas remué d'une ride,
Le visible et serein souffle artificiel
De l'inspiration, qui regagne le ciel.

Ô bords siciliens d'un calme marécage
Qu'à l'envi de soleils ma vanité saccage,
Tacite sous les fleurs d'étincelles, CONTEZ
« Que je coupais ici les creux roseaux domptés
Par le talent; quand, sur l'or glauque de lointaines
Verdures dédiant leur vigne à des fontaines,
Ondoie une blancheur animale au repos :
Et qu'au prélude lent où naissent les pipeaux
Ce vol de cygnes, non! de naïades se sauve
Ou plonge... »

Inerte, tout brûle dans l'heure fauve
Sans marquer par quel art ensemble détala
Trop d'hymen souhaité de qui cherche le *la* :
Alors m'éveillerai-je à la ferveur première,
Droit et seul, sous un flot antique de lumière,
Lys! et l'un de vous tous pour l'ingénuité.

Autre que ce doux rien par leur lèvre ébruité,
Le baiser, qui tout bas des perfides assure,
Mon sein, vierge de preuve, atteste une morsure
Mystérieuse, due à quelque auguste dent;
Mais, bast! arcane tel élut pour confident
Le jonc vaste et jumeau dont sous l'azur on joue :
Qui, détournant à soi le trouble de la joue,
Rêve, dans un solo long, que nous amusions
La beauté d'alentour par des confusions
Fausses entre elle-même et notre chant crédule;
Et de faire aussi haut que l'amour se module
Évanouir du songe ordinaire de dos
Ou de flanc pur suivis avec mes regards clos,
Une sonore, vaine et monotone ligne.

Tâche donc, instrument des fuites, ô maligne
Syrinx, de refleurir aux lacs où tu m'attends!
Moi, de ma rumeur fier, je vais parler longtemps
Des déesses; et par d'idolâtres peintures,
A leur ombre enlever encore des ceintures :
Ainsi, quand des raisons j'ai sucé la clarté,
Pour bannir un regret par ma feinte écarté,
Rieur, j'élève au ciel d'été la grappe vide
Et, soufflant dans ses peaux lumineuses, avide
D'ivresse, jusqu'au soir je regarde au travers.

Ô nymphes, regonflons des SOUVENIRS divers.
« Mon œil, trouant les joncs, dardait chaque encolure
Avec un cri de rage au ciel de la forêt;
Et le splendide bain de cheveux disparaît
Dans les clartés et les frissons, ô pierreries!
J'accours; quand, à mes pieds, s'entrejoignent (meurtries
De la langueur goûtée à ce mal d'être deux)
Des dormeuses parmi leurs seuls bras hasardeux;

Je les ravis, sans les désenlacer, et vole
A ce massif, haï par l'ombrage frivole,
De roses tarissant tout parfum au soleil,
Où notre ébat au jour consumé soit pareil. »
Je t'adore, courroux des vierges, ô délice
Farouche du sacré fardeau nu qui se glisse
Pour fuir ma lèvre en feu buvant, comme un éclair
Tressaille! la frayeur secrète de la chair :
Des pieds de l'inhumaine au cœur de la timide
Que délaisse à la fois une innocence, humide
De larmes folles ou de moins tristes vapeurs.
« Mon crime, c'est d'avoir, gai de vaincre ces peurs
Traîtresses, divisé la touffe échevelée
De baisers que les dieux gardaient si bien mêlée :
Car, à peine j'allais cacher un rire ardent
Sous les replis heureux d'une seule (gardant
Par un doigt simple, afin que sa candeur de plume
Se teignît à l'émoi de sa sœur qui s'allume,
La petite, naïve et ne rougissant pas :)
Que de mes bras, défaits par de vagues trépas,
Cette proie, à jamais ingrate se délivre
Sans pitié du sanglot dont j'étais encore ivre. »

Tant pis! vers le bonheur d'autres m'entraîneront
Par leur tresse nouée aux cornes de mon front :
Tu sais, ma passion, que, pourpre et déjà mûre,
Chaque grenade éclate et d'abeilles murmure;
Et notre sang, épris de qui le va saisir,
Coule pour tout l'essaim éternel du désir.
A l'heure où ce bois d'or et de cendres se teinte
Une fête s'exalte en la feuillée éteinte :
Etna! c'est parmi toi visité de Vénus
Sur ta lave posant ses talons ingénus,
Quand tonne un somme triste ou s'épuise la flamme.
Je tiens la reine!

Ô sûr châtiment...
Non, mais l'âme
De paroles vacante et ce corps alourdi
Tard succombent au fier silence de midi :
Sans plus il faut dormir en l'oubli du blasphème,

Sur le sable altéré gisant et comme j'aime
Ouvrir ma bouche à l'astre efficace des vins!

Couple, adieu; je vais voir l'ombre que tu devins.

Stéphane Mallarmé
L'Après-midi d'un Faune

Ça n'a pas marché? Vous êtes toujours aussi agacé, sinon un peu plus? Avant de faire une autre tentative de lecture, suivez le conseil de l'avant-dernier vers.

Seule contre-indication : la présence d'un Autre.

Ce texte ne donne pas toujours de bons résultats. Il est probable que les esprits trop attachés à la rationalité n'en percevront jamais l'érotisme torride.

LES ÉTATS LATENTS

Certes l'incontournable Lemnius n'avait pas tort lorsque, parlant des passions et désordres de l'esprit qui provoquent la mélancolie, il affirmait que, selon l'expérience commune, *aucun homme n'est à l'abri de ces perturbations à moins qu'il ne soit Dieu ou pierre.* Certes ils n'avaient pas tort les Anciens, qu'ils soient grecs ou latins (Altomarus, Rasis, ou Ælianus Montaltus) de conseiller l'orgie comme remède à la mélancolie. Mais la musique, les amis, les vins exquis ne sont pas toujours présents lorsqu'il s'agit de combattre l'inhibition, la morosité, la tristesse. Alors on peut avoir recours à quelques bons auteurs. Lisez de la poésie. Elle aide à mieux vivre. Artaud l'a bien dit dans une lettre de Rodez au Dr Ferdière : *La démoralisation est l'état pathologique le plus communément reçu et accepté dans un monde d'où toute poésie est exclue.*

Inhibition

En cas de libido défaillante, blocages, etc., avant de consulter le sexologue ou de vous bourrer d'hormones, essayez ce texte de Michaux. Nous connaissons un séduisant journaliste parisien qui l'a utilisé avec succès.

Bien qu'apparemment destiné aux hommes, le traitement donne aussi de bons résultats chez les femmes. Nos expériences ont prouvé qu'il contribue à lever l'interdit pesant sur les rencontres de rue.

CONSEILS D'UTILISATION : Ne pas prendre le texte trop à la lettre et se concentrer sur les deux dernières lignes (déculpabilisantes)...
EFFET SECONDAIRE : Risques d'exhibitionnisme.

LA SIMPLICITÉ

Ce qui a manqué surtout à ma vie jusqu'à présent, c'est la simplicité. Je commence à changer petit à petit.

Par exemple, maintenant, je sors toujours avec mon lit, et quand une femme me plaît, je la prends et couche avec aussitôt.

Si ses oreilles sont laides et grandes, ou son nez, je les lui enlève avec ses vêtements et les mets sous le lit, qu'elle retrouve en partant; je ne garde que ce qui me plaît.

Si ses dessous gagneraient à être changés, je les change aussitôt. Ce sera mon cadeau. Si cependant je vois une autre femme plus plaisante qui passe, je m'excuse auprès de la première et la fais disparaître immédiatement.

Des personnes qui me connaissent prétendent que je ne suis pas capable de faire ce que je dis là, que je n'ai pas assez de tempérament. Je le croyais aussi, mais cela venait de ce que je ne faisais pas tout *comme il me plaisait.*

Maintenant j'ai toujours de bonnes après-midi. (Le matin je travaille.)

Henri Michaux
Mes propriétés

Soif d'absolu

Les marchands, la guerre, l'économie, la politique, les impôts, les bagnoles, assez! Assez de n'entendre que des conversations matérialistes ou mercantiles. L'irrépressible envie d'absolu qui vous habite se manifeste à nouveau et vous étouffe. L'homme qui sert derrière le bar connaît bien cet état. Alors, il extrait de sa poche une vieille photocopie et lit à mi-voix ce poème jusqu'à disparition du malaise.

UNE SEULE ÂME

Heureux le moment où nous sommes assis, toi et moi,
différents de forme et de visage, mais n'ayant qu'une seule
âme, toi et moi.
Les couleurs du bosquet et les chants des oiseaux nous
conféreront l'immortalité,
lorsque nous entrerons dans le jardin, toi et moi.
Les étoiles du ciel viendront nous regarder :
nous leur montrerons la lune, et sa lumière, toi et moi.
Toi et moi, libérés de nous-mêmes, serons unis dans l'extase,
joyeux et sans vaines paroles.
Les oiseaux du ciel auront le cœur dévoré d'envie
dans ce lieu où nous rirons si gaiement, toi et moi.

Mais la grande merveille, c'est que toi et moi, blottis dans le même nid,
nous nous trouvons en ce moment l'un en Irak et l'autre au Khorassan, toi et moi *.

Rûmî

Rûmî, poète soufi du XIIIe siècle vivait à Konya, en Turquie, où il fonda l'ordre des Derviches Tourneurs.

Ce poème n'est pas réservé aux amoureux. Les soldats, les exilés peuvent aussi l'apprendre par cœur.

CONTRE-INDICATION : Personnes égocentriques et dépressives.
EFFET SECONDAIRE : Risque d'accoutumance et perte de tout sens des réalités.

* Le Khorassan, c'est l'Iran.

Spleen

Si les poètes nous ont tant communiqué leur spleen, ils nous ont aussi offert les rêveries qui transformaient leur dégoût du quotidien en images somptueuses. Là, les femmes idéales, les îles enchanteresses forcent les barrages de notre propre grisaille. A bas les humeurs noires, vive les départs!

INDICATIONS : Tout état de gel intérieur, doublé ou non d'un état d'urgence.
POSOLOGIE ET MODE D'EMPLOI : Apprendre par cœur et dire mentalement dès qu'il fait jour et dès qu'il fait nuit.

ÎLES

Iles
Iles
Iles où l'on ne prendra jamais terre
Iles où l'on ne descendra jamais.
Iles couvertes de végétations
Iles tapies comme des jaguars
Iles muettes
Iles immobiles
Iles inoubliables et sans nom
Je lance mes chaussures par-dessus bord car je voudrais bien
aller jusqu'à vous

Blaise Cendrars
Feuilles de route

CONSEIL D'UTILISATION : L'auteur ayant un jour enregistré ce poème de sa voix suisse et caraïbe, il est loin d'être inutile de l'entendre une fois.
EFFET SECONDAIRE : La médication peut donner au patient l'impression qu'il est « à côté de ses pompes ». C'est encore une illusion.

Déprime

Quoi de plus déprimant que l'accumulation d'informations angoissantes ou vaines, dispensées par les médias et qui, jour après jour, lessive l'esprit et vous hache le cortex! On peut biaiser avec l'insidieuse lassitude induite par cette répétition en s'exerçant à repérer dans la presse quelques perles de sagesse. Obligatoire pour cet exercice : maintenir au point culminant son sens de l'humour. En chaque circonstance, c'est aussi la recette anti-déprime, même pour un compositeur champêtre de nos amis, très affaibli après une visite à Paris. Comme lui, penchez-vous sur cette réponse de Mickey Rourke parlant de Sam Peckinpah dans une interview pour *Visions :*

> « Des fois c'est bien
> Des fois c'est mal
> Mais en tant qu'individu
> Il avance. »

Méditons.
Méditons.

Confusion mentale

Percevoir l'harmonie du monde en un instant, suppose d'être ou très sage ou très heureux. La plupart du temps nous vivons soumis à la chronologie des faits avec la désagréable impression d'être en retard.

Quand il interrompt son travail et observe l'alouette qui monte en chantant son tourbillon vertical jusqu'à la limite de l'œil, le paysan bellilois capte une prévision météorologique. Il sait aussi qu'aujourd'hui germe le blé semé en hiver et qui sortira bientôt de terre. Et comme Monsieur Jourdain fait de la prose sans le savoir, le paysan qui associe dans le présent, passé et futur, vit *l'instant poétique* tel que le décrit Gaston Bachelard.

Pour d'autres, tel l'informaticien rivé douze heures par jour à sa machine où défilent des milliers de données, rare est cette expérience.

Si vous souffrez de troubles dans la relation au passé et au futur, soignez-vous en lisant ce texte de Gaston Bachelard.

> Mais est-ce du temps encore ce pluralisme d'événements contradictoires enfermés dans un seul instant? Est-ce du temps, toute cette pers-

pective verticale qui surplombe l'instant poétique? Oui, car les simultanéités accumulées sont des simultanéités *ordonnées.* Elles donnent une dimension à l'instant puisqu'elles lui donnent un ordre interne. Or le temps est un ordre et n'est rien autre chose. Et tout ordre est un temps. L'ordre des ambivalences dans l'instant est donc un temps. Et c'est ce temps vertical que le poète découvre quand il refuse le temps horizontal, c'est-à-dire le devenir des autres, le devenir de la vie, le devenir du monde. Voici alors les trois ordres d'expériences successives qui doivent délier l'être enchaîné dans le temps horizontal :

1° s'habituer à ne pas référer son temps propre au temps des autres – briser les cadres sociaux de la durée;

2° s'habituer à ne pas référer son temps propre au temps des choses – briser les cadres phénoménaux de la durée;

3° s'habituer – dur exercice – à ne pas référer son temps propre au temps de la vie – ne plus savoir si le cœur bat, si la joie pousse – briser les cadres vitaux de la durée.

Alors seulement on atteint la référence autosynchrone, au centre de soi-même, sans vie périphérique. Soudain toute l'horizontalité plate s'efface. Le temps ne coule plus. Il jaillit.

Gaston Bachelard
Instant poétique
et instant métaphysique, § II

Nous vous conseillons de lire ces lignes allongé sur une plage. Il n'est pas inutile en effet de stopper toute activité physique pour laisser l'esprit se concentrer sur les expériences proposées par Bachelard.

Et peut-être parviendrez-vous, comme Baudelaire et les vieux Chinois, à lire *l'heure dans l'œil des chats.*

Vague à l'âme

A condition de n'être pas sensible au vertige, on peut lire le texte d'Anaïs Nin en se balançant à ciel ouvert. Comme la jolie trapéziste que nous connaissons, on associera ainsi le corps et l'esprit pour combattre cette disposition qu'a parfois l'âme à vaguer.

Et j'entends déferler la mer, et j'entends déferler le ciel, et j'entends les rideaux s'ouvrir. Et j'entends se froisser les feuilles, et j'entends le souffle de l'air, et j'entends gémir l'enfant qui va naître, et j'entends charger les vents.

Et j'entends filer les étoiles et les planètes, j'entends le son rouillé, lointain, des étoiles filantes. Rayons soyeux des traversées, cerceaux tournant, soufflant, sur leur passage.

Et j'entends passer les mystères, dans le halètement des monstres. Harmoniques seulement ou sons couverts. Le choc avec le réel obscurcit ma vision et comme une vague voilée m'enveloppe dans le rêve.

Anaïs Nin
La maison de l'inceste
(extrait)

Après cette lecture, vous pouvez vous mettre au lit. Dormez tranquille et faites de beaux rêves.

Grain de folie

Pas besoin de soigner ça. Résistez aux pressions de l'entourage (social ou familial). Si vous avez vingt ans, relisez les premières phrases d'*Aden Arabie* de Paul Nizan. Quel que soit votre âge, fiez-vous au traitement suivant.

INDICATION : Les psychologues et autres scientifiques prétendent qu'il faut un « grain de folie » pour créer. Voici un excellent remède pour devenir fou (et donc artiste).

POSOLOGIE ET MODE D'EMPLOI : Prendre sa température (pas par voie orale – voir précautions) et réciter le texte clairement pendant la durée de la prise (pas plus d'une minute). Recommencer jusqu'à l'obtention d'un résultat positif.

Oui, mon doux minet, la mini,
Oui, la mini est la manie
Est la manie de Mélanie
Mélanie l'amie d'Amélie...
Amélie dont les doux nénés
Doux nénés de nounou moulés
Dans de molles laines lamées
Et mêlées de lin milanais...
Amélie dont les nénés doux
Ont donné à l'ami Milou
(Milou le dadais de Limoux)
L'idée d'amener des minous...

Des minous menus de Lima
Miaulant dans des dais de damas
Et dont les mines de lama
Donnaient mille idées à Léda...

Léda dont les dix dents de lait
Laminaient les mâles mollets
D'un malade mendiant malais
Dînant d'amibes amidonnées
Mais même amidonnée l'amibe
Même l'amibe malhabile
Emmiellée dans la bile humide
L'amibe, ami, mine le bide...
Et le dit malade adulé
Dont Léda limait les mollets
Indûment le mal a donné
Dame Léda l'y a aidé!
Et Léda dont la libido
Demande dans le bas du dos
Mille lents mimis d'animaux
Aux doux minets donna les maux...

Et les minets de maux munis
Mendiant de midi à minuit
Du lait aux nénés d'Amélie
L'ont, les maudits, d'amibes enduit
Et la maladie l'a minée,
L'Amélie aux dodus nénés
Et mille maux démodelaient
Le doux minois de la mémé
Mélanie la mit au dodo
Malade, laide, humide au dos
Et lui donna dans deux doigts d'eau
De la boue des bains du Lido
Dis, là-dedans, où est la mini?
Où est la mini de Mélanie?...
– Malin la mini élimée
Mélanie l'a éliminée

Ah la la la la! Quel méli mélo, dis!
Ah la la la la! Quel méli mélo, dis!

Boby Lapointe
Méli-Mélodie

CONTRE-INDICATION : Fortement déconseillé aux bègues.

PRÉCAUTIONS : L'abus d'alcool peut entraîner des troubles dans la diction. Ne pas prendre sa température par voie orale sous risque d'avalement de l'ustensile.

EFFETS SECONDAIRES : Risques de crampes aux maxillaires suivies d'un léger dégoût de la langue française.

Indigestion civique

Lorsque vous êtes agressés, ennuyés par les partis politiques, militants, tracts, affiches, discours télévisés, pubs, lisez trois fois de suite très vite ce poème de Rimbaud. Ensuite, il vous reviendra en mémoire chaque fois que nécessaire. Car il faut bien se rendre à l'évidence : les patients qui se plaignent de douleurs provoquées par l'indigestion civique sont des malades chroniques. Face à cet état insurrectionnel profond, les traitements les plus drastiques n'ont pas d'effet durable. Quelques rares textes procurent une rémission. En voici un qui devrait vous soulager :

Je crois en toi! je crois en toi! Divine mère,
Aphrodité marine! – Oh! La route est amère
Depuis que l'autre Dieu nous attelle à sa croix;
Chair, Marbre, Fleur, Vénus, c'est en toi que je crois!
– Oui, l'Homme est triste et laid, triste sous le ciel vaste,
Il a des vêtements, parce qu'il n'est plus chaste,
Parce qu'il a sali son fier buste de dieu,
Et qu'il a rabougri, comme une idole au feu,
Son corps Olympien aux servitudes sales!

Arthur Rimbaud
Soleil et Chair (extrait)

CONSEIL D'UTILISATION : Apprendre par cœur et le dire dans tous les lieux publics.
EFFET SECONDAIRE : Chômage durable possible.
PRÉCAUTIONS : Il est fortement déconseillé d'associer ce texte aux boissons alcoolisées; risques de refroidissement en hiver.

Insatiabilité

Si vous en souffrez, tel un enfant trop gâté, vous savez comme il est pénible de n'atteindre jamais à la sérénité. Aussi cette prescription vous concerne-t-elle. Mais plus encore si vous subissez cette épreuve : vivre aux côtés d'une personne insatiable. Notre premier conseil est de la conduire immédiatement dans un vieux cimetière. Les promenades dans les cimetières dégagent un charme puissant qui n'a rien de morbide. On regarde les tombes, on lit les noms, on admire les sculptures, on rêve sur les épitaphes, frôlés par les chats amicaux. Paradoxalement, ce n'est pas l'idée de la fragilité de la vie qui s'impose mais la grâce persistante des intentions humaines lorsqu'elles sont dédiées à la liberté. On se sent plus submergé par les vies des morts enterrés là que par l'idée de notre propre fin. C'est d'ailleurs un plaisir si grand qu'il subsiste encore quand on découvre une belle épitaphe dans un musée.

Cette inscription funéraire gravée sur une stèle de marbre, date probablement du IIe siècle après Jésus-Christ et fut découverte dans une cave près de Constantinople. Initiées par une amie lombarde, nous l'avons retrouvée au musée archéologique de Lipari.

Pour se rasséréner, la promenade dans l'ancienne

Cappadoce, en compagnie de cet homme charmant, peut remplacer dans un premier temps la visite au cimetière.

AUX DIEUX DES ENFERS

Vous connaissez les champs fleuris
du peuple de la Cappadoce
Là je fus engendré par de bons parents.
Je les ai quittés pour venir
en Occident et à l'aurore.
Mon nom était Serein
et tel était mon esprit.
J'ai vécu soixante ans,
toujours dans l'état d'un homme libre
et j'ai connu la beauté du sort
et l'amertume de la vie.

Bout du rouleau

PAS LE TEMPS DE S'ARRÊTER POUR RÉFLÉCHIR

Ton seul espoir : le prochain verre
Va te promener, si tu veux
Pas un moment pour réfléchir
Ton seul espoir : le prochain verre
Rien ne sert de tergiverser
Et bavarder est encore pire.
Ton seul espoir : le prochain verre.
Va te promener (si tu veux).

Malcolm Lowry
Pour l'amour de mourir (extrait)

Nous espérons vivement que vous n'en arriverez pas là. Le néologisme américain *Workoholic* est explicite. Il rend bien compte du lien d'assujettissement qui unit le travailleur à son activité comme l'alcoolique à sa boisson. Deux tyrannies qui de surcroît s'accolent fréquemment. Stress, soif, dépendance, déprime, vous connaissez l'enchaînement.

Si vous vivez, même par intermittence, ces périodes où le travail ne laisse plus aucune place à la réflexion personnelle, nous vous conseillons de mettre en pratique le texte de Malcolm Lowry en faisant à pied le tour de votre quartier, selon un itinéraire habituel ou pas. Une condition toutefois : n'être pas allergique aux chiens bergers allemands. Un risque : celui de retomber dans la déprime en cas d'abus. Relisez ce poème. Absorbez-vous dans le titre, méditez sur le troisième vers et suivez l'invitation du dernier vers.

II

LES TROUBLES DU CORPS

Votre corps souffre? Vous pouvez essayer de vous appliquer sur la poitrine une page préchauffée de *L'Histoire de l'œil* de Georges Bataille, enduite recto verso de moutarde forte, mais nous ne garantissons pas le résultat. Nous avons nous-mêmes tenté, lors d'une récente atteinte virale, un bain de pieds d'une page de Goethe émiettée dans cinq litres d'eau salée bouillante, sans aucun résultat.

En revanche, vous êtes parfaitement averti des relations étroites qu'entretiennent, souvent à votre insu, le corps et l'esprit. Vous assistez impuissant à la conjugaison de leurs efforts pour vous faire souffrir. C'est là que nous pouvons vous aider. Accordez votre confiance à nos prescriptions. Elles vous donnent des remèdes qui ne séparent pas le psychique du physique, essayez-les.

Comment la lecture d'un texte peut-elle soulager une souffrance physique? D'abord par la prévention.

Vous n'avez jamais souffert d'ataxie locomotrice? Le jour où ça vous arrivera, vous serez bien content d'avoir lu Bernard Heidsieck. Ensuite, des recettes existent. Pour le hoquet par exemple. Enfin, certains textes agissent comme une thérapie de choc. A vous de les découvrir.

Aphasie

Vous n'êtes pas à l'abri d'une crise. Il peut se faire que le langage des mains soit pour vous le seul parlant, bien que vous ne soyez ni analphabète, ni en visite en pays étranger, ni totalement bestial. Un poète et orateur italien nous a donné la clé pour pallier cette inhibition verbale (ou écrite), au moyen d'un *Pranopoème. Prano* est l'équivalent italien du *chiro* français, la pranothérapie – traitement par les mains – est actuellement très en vogue en Italie.

Nous avons noté en marge les commentaires que chuchotait l'auteur du dessin, tandis que, dans la salle obscure d'un théâtre du Luxembourg, naissait ***sous sa plume cet étrange remède...***

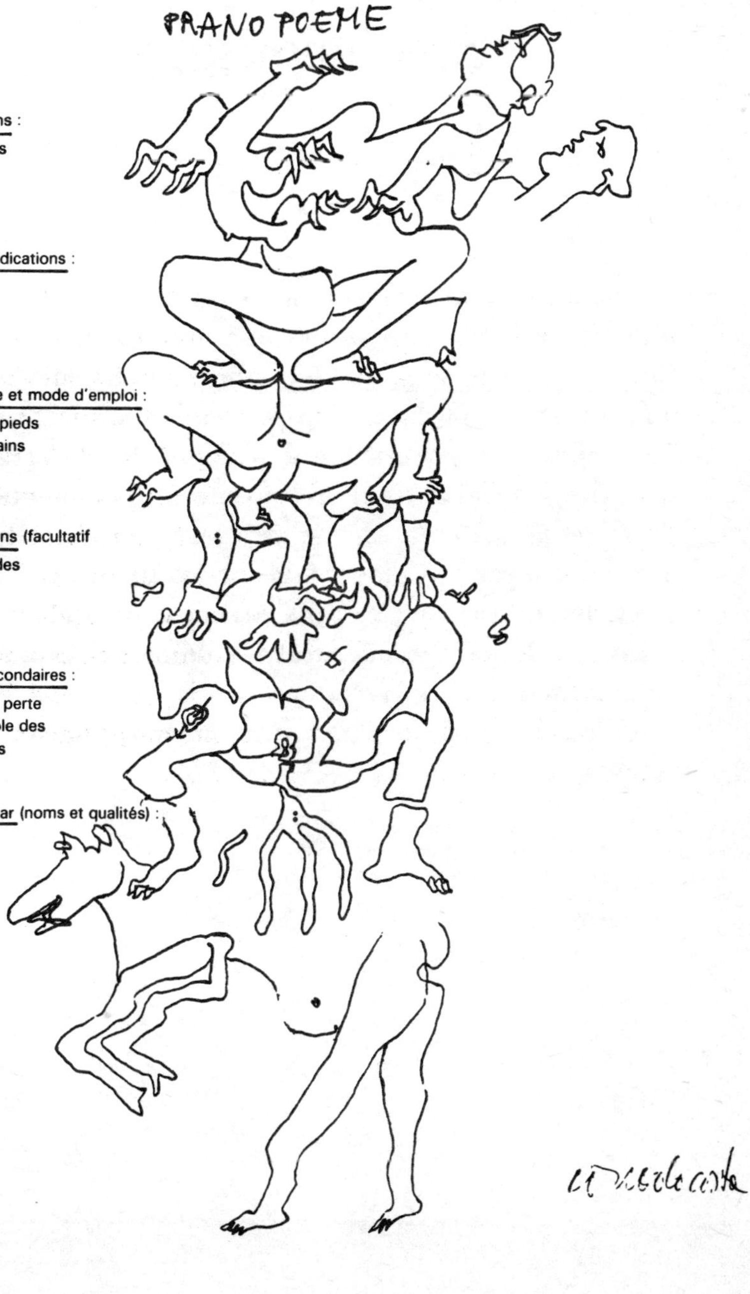

Indications :
Les mains

Contre-indications :
les pieds

Posologie et mode d'emploi :
faire des pieds
et des mains

Précautions (facultatif
prendre des
gants

Effets secondaires :
risque de perte
de contrôle des
sphincters

Prescrit par (noms et qualités) :

Ataxie locomotrice

Pris un jour d'une panique extrême à la vue des milliers de jambes en action dans la rue, Bernard Heidsieck, poète sonore et « performer », a consulté un ami neuro-psychiatre sur le motif de ce vertige. De l'explication scientifique fournie par le médecin, il a tiré un texte qu'il a souvent utilisé comme thérapie personnelle en se répétant la première phrase, le regard fixé (avec admiration sinon extase) sur le haut du crâne des gens circulant dans la rue.

En cas de vertige ou paralysie de ce type, voici donc la marche à suivre...

Et le schéma des cellules incriminées dans cette action :

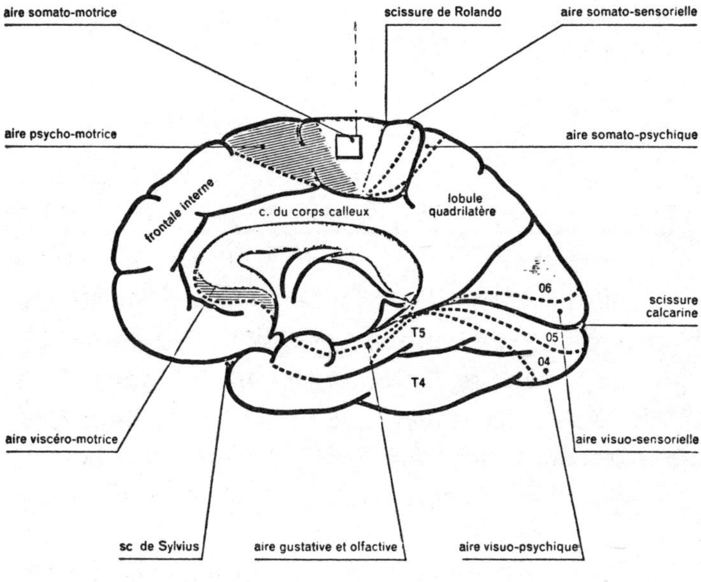

« FICHTRE!, Quand je pense que quelques rares cellules..., copines et cérébrales, de ma fichue SCISSURE DE ROLANDO... et dans sa partie haute, seule, articulent l'automatisme et le tricotage de mes jambes... BIGRE! »

....

Cette phrase, dite, dite et redite, 5 minutes durant, et de plus en plus fort, tout en marchant, peut contribuer...

je vous l'assure

...à fortement exorciser l'obsession qui vous surgirait, là, brutalement, dans la rue par exemple, à la vue de ces milliards de jambes en exercice, dans leur mouvement mécanique de ciseaux.

Thérapeutique qui peut se conclure par un éventuel :

« Je vous en prie, ne restez, ne restons pas debout... ! »

Bernard Heidsieck
La Scissure de Rolando
(biopsie 9) – (avril 1968)

(Inédit. Action dite 24 fois en public à Stockholm, Rouen, Saint-Germain-en-Laye, Whilhemsbad, Paris, Bourges, Le Havre, Toronto, Guelph, Bramolea, New York, Cambridge, Villeneuve-lès-Avignon, Santa Cruz de Tenerife, Chalon-sur-Saône.)

Boulimie

Vous êtes assailli de fringales répétitives à un rythme qui met en péril votre équilibre psychique et physique. A condition de n'avoir pas les yeux plus gros que le ventre, nous vous recommandons l'absorption des lignes suivantes en boule, à toute heure, autant la nuit que le jour. Il serait bien étonnant qu'après la lecture elle-même absorbante de ce texte si dense, vous ne vous sentiez pas momentanément rassasié.

Lire mezza-voce, en détachant chaque syllabe.

MANGER DEUX FOIS

Le ventre est le lieu de la naissance et ce qui entre en lui n'est jamais de la même chair ni du même sang sans entrer dans un autre ventre; ce qui entre en lui est toujours mâle même si le corps qui s'en emplit l'est aussi.

Celui qui mange ou procrée, celui dont le ventre est plein est toujours femelle car dans le ventre seulement tout se mélange et se recommence. L'être mâle n'est mâle que quand il s'accouple.

Par la bouche, les aliments sont toujours des corps mâles et la bouche est un sexe femelle, et par le sexe femelle tous les corps sont des aliments. Comme si le sexe femelle était une bouche pour nourrir un autre corps, emplir un autre ventre et faire vivre. D'ailleurs, le ventre enceint est si gros qu'il mange deux fois.

Ce qui vient du monde nourrit le corps, mais ce qui vient de l'être vivant est si nourrissant qu'il peut en nourrir un autre en lui.

L'être vivant n'emplit son ventre que par la bouche parce que par elle il n'y entre jamais sa propre chair. S'il pouvait l'emplir par le sexe, l'être mâle aussi porterait la vie dans son ventre. Avec leur sexe les êtres vivants, mâles ou femelles, emplissent toujours un autre ventre car c'est leur propre chair et leur propre sang qu'ils entrent en lui; mais avec leur bouche ils emplissent toujours leur propre ventre d'une autre chair. L'être mâle procrée dans un autre ventre parce que son sexe projette sa propre chair, mais l'être femelle procrée dans son propre ventre parce que son sexe est une bouche qui avale une autre chair.

Le mâle mange et la femelle engendre. Enceint, l'être femelle a déjà mangé son petit.

Jean-Luc Parant *
L'Adieu Aux Animaux

Attention, ce traitement peut être mal supporté par les personnes au mental délicat et nous recommandons la plus grande précaution d'emploi pour les femmes enceintes ainsi que les hommes dont la libido s'accommode mal de la visualisation des viscères.

* Fabricant de boules et de textes sur les yeux, Roi du Bout des Bordes.

Chutes de calcium, de magnésium

Ce trouble, fréquent chez les jeunes filles émotives, peut induire une crise de tétanie avec raidissement des extrémités, crampes, et fourmillements. Lorsque la crise survient, les médecins préconisent un contrôle volontaire de la respiration (en utilisant par exemple un sac en papier hermétiquement clos autour de la bouche), assorti de relaxation.

Pour certain(e)s, cet état se double d'un ramollissement général. On trouvera alors un grand soulagement en s'administrant un sonnet de Rilke en version originale.

POSOLOGIE ET MODE D'EMPLOI : Danser le texte en tapant du pied et en insistant sur chaque phonème. Exemple : sein, rein, ein, ou ich, mich, ryth, misch.

Atmen, du unsichtbares Gedicht!
Immerfort um das eigne
Sein rein eingetauschter Weltraum. Gegengewicht,
in dem ich mich rhythmisch ereigne.

R.M. Rilke
Sonnets à Orphée II (1er sonnet)

Respirer, hé! poème invisible!
Sans arrêt, l'être même, le voile monde
Ensemble, se lient. Échange sur contretemps.
Ici, dans le rythme, j'ai lieu.

Le traitement peut être mal toléré par les personnes réfractaires aux raccourcis de sens. A ces malheureux, nous conseillons de décrocher de la sémantique et de se laisser porter par le rythme puissant de la poésie de Rilke en la scandant avec l'énergie d'un enfant.

Continence

Nous n'irons pas par quatre chemins : en chaque chose l'excès est néfaste, *continence n'est pas vertu,* disait déjà Oresme. Nous parlons ici du sens premier de la continence, c'est-à-dire chasteté. Sans vouloir être alarmistes, nous ne pouvons pas ne pas prendre en considération la première loi de Lamarck exposée au chapitre VII de la *Philosophie zoologique.* Il y est dit que :

Dans tout animal qui n'a point dépassé le terme de son développement, l'emploi le plus fréquent et soutenu d'un organe quelconque fortifie peu à peu cet organe, le développe, l'agrandit, et lui donne une puissance porportionnée à la durée de cet emploi, tandis que le défaut constant d'usage de tel organe l'affaiblit insensiblement, le détériore, diminue progressivement ses facultés, et finit par le faire disparaître.

N'attendez pas l'irréparable. Si vous vivez une période d'absence totale de pratiques affectives, suivez mot à mot ce traitement en le renouvelant quotidiennement.

Par une ligne de section en partant de la base de la région lombaire en passant par l'angle externe de la hanche longeant le bord supérieur de la cuisse jusqu'à effleurer le sommet du fémur pour joindre un point inférieur situé sur la limite latérale de l'abdomen, un cercle parfait est obtenu en poursuivant la trajectoire.

Christian Burgaud
Au travers d'un cercle

Vous ne voyez pas le rapport? C'est que vous n'avez pas vraiment suivi (comme nous) d'un léger effleurement de l'index le parcours proposé sur votre propre corps (vous pouvez vous faire aider). Il s'agit d'une thérapie douce, à la manière de la gymnastique méziériste, dont l'effet ne se perçoit pas à travers l'effort. Mais si vous ressentez un léger frisson précurseur du réveil de vos sens endormis, bravo. C'est un bon début.

Vous compléterez heureusement le traitement en vous reportant page 46 au texte de Michaux, *La Simplicité.*

Contraception visuelle

La contraception visuelle nous a été proposée par un père de famille déjà nombreuse. C'est un adjuvant qui pallie la principale faiblesse de la contraception orale : l'oubli. Avant de boucler votre valise, vérifiez que vous emportez le texte. Chez vous, gardez-le en évidence, punaisé dans la salle de bains ou posé sur la table de chevet.

LES PILULES

Eh bien, Paul n'était pas encore corrigé.
C'était un gourmand enragé.
Avec précaution il vit un jour sa mère
Puiser dans une boîte, et d'un air de mystère
Au fond de son armoire avec soin la glisser.
Petit Paul se mit à penser :
« C'est bien étrange!
Je voudrais bien savoir ce que ma mère mange. »
Et sa mère sortie, il se dit : « Je vais voir. »
Il ouvre aussitôt le tiroir,
Puis la boîte : « Oh! oh! oh! les ravissantes bulles,
C'est comme de l'argent : quels bonbons sont-ce là? »
Il en prit deux qu'il avala :
Malheureux! c'étaient des pilules!

Louis Ratisbonne

POSOLOGIE ET MODE D'EMPLOI : Lire le texte régulièrement, à la même heure, et sans oubli; une fois par jour, en général le soir au coucher, pendant 21 jours consécutifs, puis recommencer après un arrêt de 7 jours.
PRÉCAUTION : Ne pas laisser à la portée des enfants.
CONTRE-INDICATION : Cœur fragile.

Courbatures

Voici un texte tout en rondeurs pour ceux qui souffrent de raideurs, de manque de souplesse des membres ou du comportement. Il a été expérimenté par un poète écossais. Vous pouvez donc l'utiliser en France comme à l'étranger.

Suivez bien la prescription.

POSOLOGIE ET MODE D'EMPLOI : Faire fondre un petit morceau de beurre sur la langue, ajouter deux gouttes de citron, puis déclamer lentement avec une moue douce-amère comme un vieil acteur de la Comédie-Française.

PRÉCAUTION : Obligatoire, assurance contre les fuites d'eau.

CONTRE-INDICATION : Masochistes.

EFFETS SECONDAIRES : Affreux pour les sadiques. En premier lieu, on assistera à un assouplissement extraordinaire, mais il pourra se produire ensuite un raidissement du corps sans possibilité de guérison.

LE BAIN D'UNE DAME ROMAINE

Une Esclave d'Égypte, au teint luisant et noir,
Lui présente, à genoux, l'acier pur du miroir;
Pour nouer ses cheveux, une Vierge de Grèce
Dans le compas d'Isis unit leur double tresse;
Sa tunique est livrée aux Femmes de Milet,
Et ses pieds sont lavés dans un vase de lait.
Dans l'ovale d'un marbre aux veines purpurines
L'eau rose la reçoit; puis les Filles Latines,
Sur ses bras indolents versant de doux parfums,
Voilent d'un jour trop vif les rayons importuns,
Et, sous les plis épais de la pourpre onctueuse,
La lumière descend molle et voluptueuse :
Quelques-unes, brisant des couronnes de fleurs,
D'une hâtive main dispersent leurs couleurs,
Et, les jetant en pluie aux eaux de la fontaine,
De débris embaumés couvrent leur souveraine,
Qui, de ses doigts distraits touchant la Lyre d'or,
Pense au jeune Consul, et, rêveuse, s'endort.

Alfred de Vigny
20 mai 1917

Étouffements

INDICATIONS : **Dyspnée, mutisme, tremblements.**
CONTRE-INDICATION : **Surdité (rien à voir avec les oreilles).**
POSOLOGIE : **A chaque crise.**
EFFETS SECONDAIRES : **Vomissements, somnolence.**

Auteur :
Titre : carnet d'adresse -
Edition :
Traduction :

TEXTE

Arlette 19 41 22
Marc 42 55 93 04
Monique 43 74 21 66
François 45 54 33 57
Geneviève 22 79 41
Paul 42 58 91 49
Philippe 30 47 22 29
Sandra 48 74 83 50

Tous occupés

Prescrit par (noms et qualités) : Bruno Montels 4223717

P.S. Cette médication, agissant par empathie, est déconseillée aux personnes souffrant de fragilité nerveuse.

Fiasco sexuel

Ne souriez pas, la situation n'est pas drôle à vivre. Montaigne déjà parlait fort bien de ce sujet scabreux :

... Ce malheur n'est à craindre qu'aux entreprises où notre âme se trouve outre mesure tendue de désir et de respect... J'en sais à qui il a servi d'y apporter le corps même, demi rassasié d'ailleurs... L'âme de l'assaillant, troublée de plusieurs diverses alarmes, se perd aisément... La bru de Pythagore disait que la femme qui se couche avec un homme doit avec sa cotte laisser quant et quant la honte, et la reprendre avec sa cotte.

Il faut lire le chapitre que Stendhal consacre à la question dans *De l'Amour.* Outre la citation de Montaigne que nous lui avons empruntée, il y décrit toutes les formes de fiascos connues et n'hésite pas à les illustrer par les mésaventures de ses contemporains! On y voit que c'est un sujet débattu entre hommes depuis fort longtemps, car, dit-il :

S'il entre un grain de passion dans le cœur, il entre un grain de fiasco possible.

Mais savoir ne suffit pas toujours à guérir et nous vous proposons un texte qui agit en profondeur. La lecture attentive de ce passage d'Isaac Babel a un effet thérapeutique puissant. Il a sauvé un comédien célèbre d'un fiasco lié à une blessure narcissique.

Il est recommandé de se l'administrer seul, au lit, avant de reprendre rendez-vous avec la personne aimée. Lisez-le lentement jusqu'à la dernière ligne.

Utilisez-le à titre exceptionnel.

Peut provoquer une légère ivresse.

BAGRAT-OGLY
ET LES YEUX DE SON TAUREAU

Je vis au bord de la route un taureau d'une beauté merveilleuse. Penché sur lui, un gamin pleurait.

– C'est Bagrat-Ogly, dit le charmeur de serpents. Il était assis à l'écart et mangeait un repas frugal. Bagrat-Ogly, fils de Kazim.

Je dis :

– Il est beau comme douze lunes.

Le charmeur de serpents dit :

– Le manteau vert du prophète ne couvrira jamais la barbe rebelle de Kazim. C'était un chicaneur; il a laissé à son fils une chaumière misérable, des femmes obèses et un bouvillon qui n'avait pas son pareil. Mais Allah est grand...

– Allah il Allah, dis-je.

– Allah est grand, répéta le vieillard en écartant son panier de serpents. Le bouvillon a grandi, et il est devenu le taureau le plus puissant de l'Anatolie. Mehmed-khan, le voisin, en est tombé malade d'envie et l'a châtré cette nuit. Personne n'amènera plus à Bagrat-Ogly des vaches attendant d'être fécondées. Personne ne paiera cent piastres à Bagrat-Ogly pour l'amour de son taureau. Il est pauvre, Bagrat-Ogly. Il sanglote au bord de la route.

Le silence des montagnes déployait au-dessus de nous des étendards lilas. La neige étincelait sur les sommets. Le sang coulait le long des jambes du taureau mutilé et écumait sur l'herbe. Comme j'entendais gémir le taureau, je le regardai dans les yeux, et j'y vis sa mort ainsi que la mienne, et je tombai face contre terre, en proie à une douleur infinie.

– Voyageur, s'exclama alors le jeune garçon au visage rose comme l'aurore. Tu te tords et l'écume bouillonne aux commissures de tes lèvres. C'est le haut mal qui t'enchaîne dans les liens de tes convulsions.

– Bagrat-Ogly, répondis-je avec mes dernières forces. Dans les yeux de ton taureau j'ai trouvé le reflet de la haine éternellement vivante de nos voisins les Mehmed-khan. Dans leur profondeur humide j'ai trouvé des miroirs où s'allument les verts bûchers de la trahison perpétrée par nos voisins, les Mehmed-khan. J'ai vu dans les prunelles du taureau mutilé ma jeunesse, perdue inutilement, et j'y ai vu mon âge mûr, avançant péniblement entre les haies épineuses de l'indifférence. Je trouve dans les yeux de ton taureau, ô Bagrat-Ogly, les pistes de la Syrie, de l'Arabie et du Kurdistan, trois fois parcourues par moi, et leurs sables plats ne me laissent pas d'espoir. C'est la haine du monde entier qui s'infiltre dans l'orbite creuse de ton taureau. Fuis donc la fureur de nos voisins, les Mehmed-khan, ô Bagrat-Ogly, et que le vieux charmeur de serpents charge son panier sur son dos et fuie à tes côtés...

Et, ayant fait retentir le défilé de mes gémissements, je me relevai. Je sentis le parfum des eucalyptus, et je m'éloignai. L'aube aux mille têtes surgit au-dessus des montagnes, comme un envol de cygnes. La baie de Trébizonde brilla au loin de l'acier de ses eaux. Et je vis la mer et les bords jaunes des felouques. Les herbes humides chatoyaient sur les ruines du mur byzantin. Le marché de Trébizonde et les tapis de Trébizonde apparurent devant mes yeux. Un jeune montagnard vint à ma rencontre sur le chemin de la ville. Il portait sur son bras tendu un émerillon, la patte enchaînée. La démarche du montagnard était légère. Le soleil émergeait au-dessus de nos têtes. Et une paix soudaine descendit dans mon âme de vagabond.

Isaac Babel
Contes d'Odessa

Forte fièvre

Oh là là, ça va mal! Fluviale du Japon, De Malte, Jaune, A pappataci, Boutonneuse, Ondulante méditerranéenne, Double tierce, Pourprée des Montagnes Rocheuses ou Récurrente cosmopolite à poux, la fièvre s'accroche. Au matin du troisième jour votre raison flanche. Vous avez peur. Adoptez la tactique des opossums * quand ils sont attaqués : couchez-vous et faites le mort en récitant le Chant de l'Opossum.

POSSUM SONG

It takes a long time to die
O
It takes a long time to die **

James Koller

* Petit mammifère d'Amérique, de l'ordre des marsupiaux, à beau pelage beige et argenté.

** Traduction (avec l'accent québécois) :
Ça prend un long temps d'mourir
O
Ça prend un long temps d'mourir.

Ces trois lignes doivent être répétées lentement dans le rythme de la respiration, en allant jusqu'au bout de l'expiration à chaque ligne. Elles ne feront pas tomber la fièvre, mais elles vous libèreront de la peur irraisonnée d'une mort imminente possible.

Le hoquet

Il existe une tradition de traitement du hoquet par le verbe. Dans les campagnes bretonnes on faisait dire aux enfants, le plus rapidement possible, en se grattant le coussinet de l'auriculaire avec l'ongle du pouce de la même main : *J'ai le hoquet, j'ai le hoquet, viv' l'hoquet, Dieu m'l'a fait, viv' Jésus, je n'l'ai plus...* Cela, jusqu'à disparition du symptôme.

Dans cette tradition, nous vous proposons une nouvelle recette. Résultats vérifiés. Excellents.

INDICATIONS : Hoquet, atonie, bouffées déprimantes.
CONTRE-INDICATIONS : Faiblesse cardiaque, toux.
POSOLOGIE ET MODE D'EMPLOI : A répéter trois fois, sans reprendre son souffle, la première en 17″, la deuxième en 12″, et la troisième en 7″. Renouveler le cycle aussi souvent que nécessaire.
PRÉCAUTIONS : Faire un bon quart d'heure de prânayama avant de commencer. Dire de mémoire.
EFFETS SECONDAIRES : Accélération cardiaque, désengorgement des images; risque lointain de logorrhée.

Dans un verger, Messire Épouvantail bat la mesure au-dessus d'un pupitre aux notes de cerises exécutées sur le fifre par un berger d'ouailles qui bêlent sous un vol vivace d'hirondelles tricotant l'espace.

Saint-Pol Roux
Cigales (extrait)

Inappétence

Voici une thérapie nouvelle et inédite. Recette d'une sorcière. Interdite aux ogres. Frissons garantis. Une thérapie de choc, nous en convenons. Lisez sans précautions et attendez la réaction.

INDICATIONS : Dévotion, nausées matinales, ou toute autre forme d'inappétence.
CONTRE-INDICATION : Jamais pendant le service ou l'exercice d'une fonction non physiologique.
POSOLOGIE ET MODE D'EMPLOI : Se faire administrer tout ou partie, à volonté, de préférence par un enfant qui apprend à lire. Vous recommencerez l'opération aussi souvent que vous voudrez.
PRÉCAUTIONS : Oui. Si prendre des précautions peut vous faire plaisir.

Mon cher J.,

Imaginez en hors-d'œuvre une petite fille – elle aura six ans cet été – qui vous cherche, elle se mesure à vous, vérifie à tous les coups que son nez arrive juste à la hauteur de votre sexe, inspire par saccades jusqu'au fond de son petit corps, parle avec un charme indescriptible de « trou à parfum » et se branle contre votre genou. Regardez-la. Elle vous tire la langue quand vous

vous assoyez pour écrire, elle a une première dent qui bouge, elle ronronne, vous lèche un petit coup de langue derrière l'oreille, sur la joue, glisse une main le long de la cuisse jusqu'entre vos jambes, l'autre se distrait sur les fesses.

– Petit si tu continues je te mords la langue.

Bien sûr qu'elle continue. Imaginez cette petite langue qui va et vient entre les dents de lait, la lèvre supérieure bientôt séchée par son souffle plus rapide, elle souffle, tiède, elle vous regarde en bleu-vert si pâle, le tour de l'iris violet.

Vous n'osez pas. Vous jouez à ne pas le lui faire, les dents claquent, pour rire, juste un peu trop loin. Elle continue. Ses pieds écartés tapent le bois sous vos pieds, pourquoi tu trembles? Elle ondule son ventre ou danse du cul, comme vous voudrez, dans la salopette bleue. Petite chair humide sous vos yeux. Vous fermez la bouche à chaque fois plus doucement, c'est tout votre corps qui claque, les vertèbres en castagnettes ou en caramels mous.

Elle dit je ne sais pas ce que j'ai je ne me sens plus. Se colle à votre jambe en serrant les cuisses. Vous tire un bout de langue. Que vous prenez, enfin. De toutes vos forces vous retenez la mâchoire qui se détendrait, mordrait à plein corps toute cette bouche, l'avalerait dents voix et lèvres d'un coup, sans la mâcher. Du bout des dents, aussi délicatement que votre corps immense en est capable, il faut faire vite, vous lui effleurez les papilles gustatives, et vous gardez pour plus tard, longtemps, quand elle sera partie, un peu de sa salive à mordre dans votre bouche.

Mon cher J., imaginez (je me répète, excusez-moi; pensez seulement que je parle encore, que je parlerai toujours avec cette salive sur le bout de la langue). Souvenez-vous de la saveur un peu âcre, vous l'avez fait attendre et c'est une huile sacrée, la fluidité d'un animal trop jeune que vous buvez. Encore une fois bien sûr, vous vous en souvenez. Les lèvres caressées dans les secrets bouclés de celle que vous aimez, votre langue lape la même odeur plus dense, vous ne confondez pas mais vous avez les deux. Les yeux ouverts au centre d'elle vous voyez la bouche pleine, la petite langue entre les dents, vous ne dites rien.

A bientôt, J., je vous embrasse.

Votre dévouée H.

Hélène Bezençon
Les Yeux au bord des lèvres

Insomnie

Il est 3 heures ou bien 5 heures, peu importe, vous connaissez cette brusque interruption du sommeil qui intervient sans raison apparente. Vous glissez irrépressiblement vers les pensées les plus noires. A ce moment, vos constructions mentales ne produisent qu'un monde noir, et tous les échafaudages pour y échapper s'écroulent.

Noir c'est noir, il n'y a plus d'espoir.

N'attendez pas, emparez-vous de *La Petite Cosmogonie portative* de Raymond Queneau. En cinq chants, au total 1 153 alexandrins, vous tenez dans les mains le monde entier recomposé de manière à la fois savante et burlesque par un expert en l'art du combinatoire. Vous allez rire, vous instruire et rêver. Prenez douze vers et lisez-les lentement. Selon votre humeur, ouvrez le livre au hasard ou commencez par le début. Peu importe. A titre d'exemple voici les vers 84 à 95 du premier chant :

la terre était bien vierge et bien bouillonnaveuse
quelque constellation se penche un peu baveuse
sur des destins humains et des destins d'homards
tandis que le miel coule en la fente argentée
des coquilles bleuies d'âge en âge hantées

par un diogène ermite à des noms raccordés
bernard de tout succinct crabe de tout refus
tandis que le salpêtre aux frontières s'éloigne
des sources de soleil très indistinct témoignage
que des brouillons plus précis étalés
jeunesse ô jeunesse ô jeunesse nébuleuse
la terre t'a comptée en tes éloignements.

Raymond Queneau
Petite Cosmogonie portative

Attention. Tenez bon. Suivez le traitement sérieusement, c'est-à-dire ne lisez *que* douze vers, de cette « lecture ruminante », selon la formule chère à Nietzsche. Décortiquez, visualisez, digérez. Ne vous laissez pas aller à la tentation d'en lire plus tout de suite car vous seriez alors irrémédiablement entraîné à rire jusqu'à l'aube. Et vous seriez très fatigué le lendemain. Attendez le prochain week-end avant de découvrir le texte en entier, ainsi lors de la prochaine insomnie vous saurez immédiatement trouver le passage qui vous réconciliera avec la nuit.

Intoxication alcoolique

Ivre au point de n'être plus sûre de retrouver son chemin, elle sortit du club de jazz, et, seule dans la nuit, s'obligea à marcher sur les pavés inégaux jusqu'à se rappeler de mémoire, et dans l'ordre, l'intégralité de ce texte :

> « Et toi, prends la conduite de la course, œil magnifique de nos veilles! pupille ouverte sur l'abîme, – comme au navigateur nocturne penché sur l'habitacle la fleur de feu dans son bol d'or, et, sous la bulle errante de l'ampoule, la noire passiflore en croix sur la rose des vents. »

Saint-John Perse
Vents, III, 5,
(extrait)

CONSEIL : Portez le texte sur vous pour démarrer le traitement, il arrête la terre de tourner et contient la nausée. Ensuite, le « par cœur » sera indispensable.

Migraines

Pas question, pensez-vous, d'avoir recours à la lecture quand vous avez si mal à la tête que même la lumière du jour vous est insupportable. Alors faites appel à un ou une ami(e) et appliquez la thérapie suivante :

POSOLOGIE ET MODE D'EMPLOI : S'allonger dans une pièce sombre et calme. Fermer les yeux. Poser sur le front une compresse fraîche. Demander qu'on vous lise le texte d'une voix douce, à la limite de l'audible, « en boucle », c'est-à-dire plusieurs fois de suite, sans marquer de pause entre la fin et le début du poème.
EFFETS SECONDAIRES : Ralentissement des fonctions cérébrales pouvant aller jusqu'au sommeil.
PRÉCAUTION : Annuler vos rendez-vous.

Ma pensée souvent travaille en silence
Avec la même douceur qu'une machine bien huilée qui tourne sans faire de bruit
Je me sens bien quand elle tourne ainsi et je m'immobilise
Afin de ne pas détruire l'équilibre qui me vient de sa possession
Je pressens que c'est à ces instants que ma pensée est claire

Mais moi je ne l'entends pas et silencieuse elle fonctionne toujours en sourdine
Comme une machine bien huilée qu'actionne une courroie
Et je ne puis entendre que le glissement serein des pièces qui fonctionnent
Parfois il me revient que tous les autres devraient sentir cela comme moi
Mais ils disent qu'ils ont mal à la tête et qu'ils éprouvent du vertige
Ce souvenir m'est venu comme aurait pu me venir n'importe quel autre
Comme par exemple celui par lequel ils ne sentent pas ce glissement
Et qu'ils ne pensent pas au fait qu'ils ne le sentent pas.

Fernando Pessoa
Vers l'au-delà d'un autre océan
de C. Pacheco

Vous pouvez aussi très simplement enregistrer ce texte sur une cassette. Ne vous alarmez pas de la première écoute si vous n'avez jamais pratiqué la lecture sonore. Recommencez trois ou quatre fois, c'est un exercice très gratifiant. Vous aurez ensuite cette cassette sous la main dès qu'arrivera le prochain mal de tête.

En complément du traitement, reportez-vous page 113 au texte de Lao-Tseu.

Palpitations

Voici une jeune femme hypersensible, dont l'équilibre nerveux est souvent mis en péril par l'agitation citadine. Elle souffre périodiquement de palpitations et de vertiges pouvant aller jusqu'à la crise de tachycardie. Elle a gardé en mémoire depuis toujours ces quatre vers de Musset qui lui viennent spontanément sur les lèvres dans les moments de grande fébrilité :

Elle est morte et n'a point vécu.
Elle faisait semblant de vivre.
De ses mains est tombé le livre
Dans lequel elle n'a rien lu.

Ces lignes agissent comme un sédatif puissant. Mais ne voulant pas céder à la tristesse qui s'était emparée de nous au rappel de la brièveté de la vie, nous avons voulu en savoir plus. Vous compléterez avec bonheur le traitement en découvrant comme nous le poème de Musset dans sa totalité. Passé les premiers moments de stupeur, la méchanceté du grand romantique devient aussi tonique qu'un dessin animé de Tex Avery.

SUR UNE MORTE

Elle était belle, si la Nuit
Qui dort dans la sombre chapelle
Où Michel-Ange a fait son lit,
Immobile peut être belle.

Elle était bonne, s'il suffit
Qu'en passant la main s'ouvre et donne,
Sans que Dieu n'ait rien vu, rien dit;
Si l'or sans pitié fait l'aumône.

Elle pensait, si le vain bruit
D'une voix douce et cadencée,
Comme le ruisseau qui gémit,
Peut faire croire à la pensée.

Elle priait, si deux beaux yeux,
Tantôt s'attachant à la terre,
Tantôt se levant vers les cieux,
Peuvent s'appeler la prière.

Elle aurait souri, si la fleur
Qui ne s'est point épanouie
Pouvait s'ouvrir à la fraîcheur
Du vent qui passe et qui l'oublie.

Elle aurait pleuré, si sa main,
Sur son cœur froidement posée,
Eût jamais dans l'argile humain
Senti la céleste rosée.

Elle aurait aimé, si l'orgueil,
Pareil à la lampe inutile
Qu'on allume près d'un cercueil,
N'eût veillé sur son cœur stérile.

Elle est morte et n'a point vécu.
Elle faisait semblant de vivre.
De ses mains est tombé le livre
Dans lequel elle n'a rien lu.

Alfred de Musset

Nulle. Nulle. Elle était complètement nulle! Mais qu'a donc fait cette femme à Musset pour qu'au-delà de la mort il l'insulte encore?

Rhinite

Vous êtes plutôt urbain. Vous n'attendrez pas que votre état évolue jusqu'à la rhinite croûteuse atrophique, abominablement fétide, nécessitant une cure à Challes-les-Eaux.

Cependant vous n'offrez plus aucune résistance à ce froid humide qui transperce jusqu'à la moelle et vous souffrez d'un rhume persistant. Il n'est pas dû au tout dernier virus, mais plutôt aux miasmes citadins : air vicié des bureaux et autres lieux communs et saturés.

Imaginez que vous êtes écrasé de chaleur sur le sable brûlant d'une odorante dune côtière. Fermez les yeux. Inspirez profondément et récitez le texte suivant :

Au plus haut des cieux,
Les anges, j'entends leur voix, me glorifient
Je suis, sous le soleil, fourmi errante
Petite et noire, une pierre roulée
m'atteint,
m'écrase,
morte,
dans le ciel
le soleil fait rage,

il aveugle,
Je crie :
« Il n'osera pas. »
Il ose.

Georges Bataille
Gloria in excelsis mihi

Vous n'avez plus froid. Votre nez ne coule plus. Complétez le traitement en vous attablant immédiatement devant un copieux plateau de coquillages et crustacés arrosé de chablis.

Stress

Madame,

Vous êtes entrée aux Galeries Lafayette (ou tout autre grand magasin) pour un achat minuscule et vous en êtes ressortie deux heures plus tard épuisée. Le trésor n'y était pas. Vous rentrez chez vous, obsédée par l'idée de vous allonger entièrement nue à même le sol afin d'évacuer ces excès d'accumulation d'objets décevants.

Plutôt que de succomber à un sommeil accablé, isolez-vous et lisez lentement ce texte de Saint-John Perse. Vous serez régénérée par la description savante des parures, des ornements d'apparat, des précieux accessoires. La beauté est là. Réapprenez l'importance de la diversité et vous saurez dire à nouveau comme le fantôme aimé de Baudelaire :

... Je suis belle, et j'ordonne
Que pour l'amour de moi vous n'aimiez que le Beau
Je suis l'Ange gardien, la Muse et la Madone.

Spleen et ideal, XLII
(extrait)

Deuxième cas de figure :

Monsieur,

Vous optez pour une pause café-cigarette-coussin. Vous avez pris soin de couper la radio. Votre désir profond : détachement et renouvellement. Mettez un dictionnaire à portée de votre main et laissez-vous séduire par la cohorte des femmes qui se dénudent somptueusement tout au long de ces lignes :

> « Nous t'appelons, reflux! nous guetterons, houle étrangère, ta course errante par le monde. Et s'il nous faut, plus libres, nous faire plus neuves pour l'accueil, nous dépouillons en vue de mer tout équipement et toute mémoire.
>
> « Ô Mer nourrice du plus grand art, nous Vous offrons nos corps lavés dans les vins forts du drame et de la foule. Nous déposons en vue de mer, comme aux abords des temples, nos harnachements de scène et nos accoutrements d'arène. Et comme les filles de foulons aux grandes fêtes trisannuelles – ou celles qui brassent du bâton la couleur mère dans les bacs, et celles rouges jusqu'à l'aine qui pressent nues les grappes dans la cuve – exposent sur la voie publique leurs ustensiles d'un bois pauvre, nous portons à l'honneur les instruments usés de notre office.
>
> « Nos masques et thyrses nous déposons, nos tiares et sceptres déposons, et nos grandes flûtes de bois noir comme férules de magiciennes – nos armes aussi et nos carquois, nos cottes d'écailles, nos tuniques, et nos toisons des très grands rôles; nos beaux cimiers de plume rose et nos coiffures des camps barbares à double corne de métal, nos boucliers massifs aux gorges

de déesses, nous déposons, nous déposons!... Pour vous, Mer étrangère, nos très grands peignes d'apparat, comme des outils de tisserandes, et nos miroirs d'argent battu comme les crotales de l'Initiée; nos grands joyaux d'épaule en forme de lucanes, nos grandes agrafes ajourées et nos fibules nuptiales.

« Nos voiles aussi nous déposons, nos bures peintes du sang des meurtres, nos soieries teintes du vin des Cours; et nos bâtons aussi de mendiantes, et nos bâtons à crosse de suppliantes – avec la lampe et le rouet des veuves, et la clepsydre de nos gardes, et la lanterne de corne du guetteur; le crâne d'oryx gréé en luth, et nos grands aigles ouvragés d'or et autres trophées du trône et de l'alcôve – avec la coupe et l'urne votive, l'aiguière et le bassin de cuivre pour l'ablution de l'hôte et le rafraîchissement de l'Étranger, les buires et fioles du poison, les coffrets peints de l'Enchanteresse et les présents de l'Ambassade, les étuis d'or pour le message et les brevets du Prince travesti – avec la rame du naufrage, la voile noire du présage et les flambeaux du sacrifice; avec aussi l'insigne royal, et les flabelles du triomphe, et les trompettes de cuir rouge de nos Annonciatrices... tout l'appareil caduc du drame et de la fable, nous déposons! nous déposons!...

« Mais nous gardons, ô Mer promise! avec nos socques de bois dur, nos anneaux d'or en liasse à nos poignets d'amantes, pour la scansion d'œuvres futures, de très grandes œuvres à venir, dans leur pulsation nouvelle et leur incitation d'ailleurs.

Saint-John Perse
Amers (Strophe)

III

LE COIN DE LA MÉDECINE ORIENTALE

Il existe des livres avec lesquels on entretient un rapport magique. On les garde à portée de main. On sait ce qu'ils contiennent et le simple fait d'en caresser la couverture suffit parfois à nous imprégner de leur univers. C'est le cas des textes anciens orientaux (*Yi-King* ou *Tao Te King* par exemple).

Pour faire bon usage de ces lectures, il est préférable d'éviter les doubles traductions (du chinois à l'anglais, de l'anglais au français) et de choisir les ouvrages qui offrent un aperçu de la calligraphie originale. A force de contempler un poème chinois, on peut en effet découvrir l'harmonie créée par le peintre-poète et s'acheminer ainsi vers l'harmonie intérieure. Nous vous proposons quelques thérapies apaisantes pour les états de trouble ayant chacun un rapport avec le monde, la fatigue ou la mort.

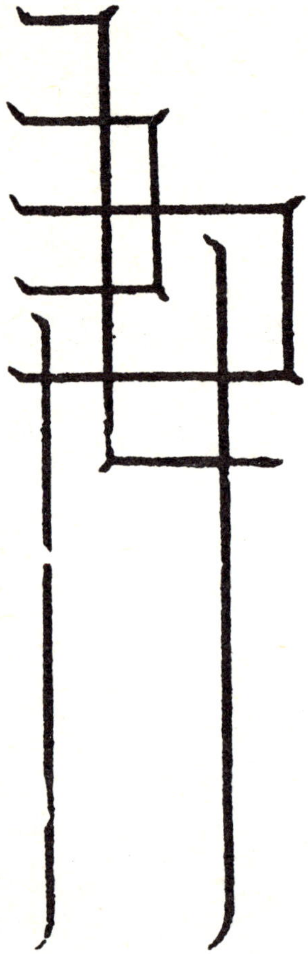

欲造作百
事和合吉

Désordre intérieur

Le livre du *Tao* peut procurer au lecteur l'effet intellectuel correspondant à l'exercice physique qu'on appelle « faire le poirier », activité bien connue des yogis et des enfants, qui consiste à se mettre la tête à l'envers.

Cet extrait est recommandé aux personnes souffrant de troubles métaphysiques récurrents, mais déconseillé aux héméralopes (individus souffrant d'héméralopie).

Usage ad libitum.

Le Tao qu'on tente de saisir n'est pas le Tao lui-même;
Le nom qu'on veut lui donner n'est pas son nom adéquat.

Sans nom, il représente l'origine de l'univers;
avec un nom, il constitue la Mère de tous les êtres.
Par le Non-Être, saisissons son secret;
par l'Être, abordons son accès.

Non-Être et Être sortant d'un fond unique ne se différencient que par leurs noms;
Ce fond unique s'appelle Obscurité.

Obscurcir cette obscurité,
voilà la porte de toute merveille.

Lao Tseu
Tao Te King

Une lecture répétée et lente assure le rétablissement du calme.

Agitation

Artiste-performer de Zaj – groupe proche de Fluxus * – elle ** travaille sur l'espace et le silence. Elle sait traverser avec humour diverses couches de conscience; exercice périlleux pour les Occidentaux non exercés.

INDICATIONS : États d'anxiété, surmenage, hyperactivité, fatigue physique et mentale.
POSOLOGIE ET MODE D'EMPLOI : Avant, après ou pendant la crise d'angoisse, d'anxiété ou de connerie (la sienne ou celle des autres). Dans n'importe quelle position, lieu, ou circonstance. Seul ou accompagné. Avant les repas, procure une bonne digestion et avant de se coucher, un sommeil tranquille.
PRÉCAUTION : Il est conseillé d'alterner cette thérapeutique avec des pratiques érotiques, là aussi dans n'importe quelle position, lieu ou circonstance, seul ou accompagné, car elle sera plus efficace.

* Fluxus est un groupe mythique des années soixante, rassemblant de façon informelle des musiciens et « performers » autour des personnalités de Maciunas et Cage. Parmi eux, citons Beuys, Wostell, Nam June Païk, La Monte Young, Ben. En bref : Zen + Dada = Fluxus.

** Elle : Esther Ferrer, Ruiz, Andrea, Almarza, Quiconces, Calvete, Sada, Prestamero y todos los demàs...

Trente rayons convergent dans le cercle de la roue
Et par l'espace qu'il y a entre eux
La roue est utile
L'argile se travaille en forme de vases
Et leur utilité réside dans leur vide
On ouvre des portes et des fenêtres dans les murs d'une maison
Et par ces espaces vides nous pouvons y vivre
Ainsi de la non-existence vient l'utilité et de l'existence la possession.

Lao Tseu
Tao Te King

En cure rapide et pour ceux qui possèdent déjà une bonne notion du vide, on peut se contenter de la concision du sculpteur Arp :

Les décombres du vide emplissent les vases rêveurs.

Angoisse

La lecture aussi peut se pratiquer comme une thérapie de groupe. Quelques textes marquent une époque et deviennent un livre-culte.

Dans les années soixante-dix, en même temps que des générations entières communiaient dans le refus du matérialisme, une nouvelle musique, les drogues douces, les fleurs et l'amour, *Le Prophète*, pourtant vieux d'un demi-siècle, retrouvait une nouvelle vie dans la poche des hippies. Il accompagne encore aujourd'hui ceux qui l'ont rencontré dans un moment de doute ou de désespoir. Et comme si ces lignes restaient chargées des rêves de paradis, elles ont un effet anxiolytique certain si vous les utilisez non comme une drogue mais comme une liberté.

> Alors Al-Mithra parla : Nous voudrions vous questionner maintenant sur la mort.
>
> Et il dit :
>
> Vous voudriez connaître le secret de la mort.
>
> Mais comment le trouverez-vous si vous ne le cherchez dans le cœur de la vie?
>
> La chouette aux yeux destinés à la nuit et que le jour rend aveugle ne peut découvrir le mystère de la lumière.
>
> Si vous vouliez vraiment contempler l'esprit

de la mort, ouvrez large votre cœur à la substance de la vie;

car la vie et la mort ne font qu'un, tout comme la rivière et la mer font un seul.

Dans la profondeur de vos espoirs et de vos désirs repose votre silencieux savoir de l'au-delà.

Et, semblable aux graines qui rêvent sous la neige, votre cœur rêve de printemps.

Ayez foi dans les rêves, car en eux se trouve la porte de l'éternité.

Votre frayeur de la mort n'est que le tremblement du pâtre en présence du roi qui s'apprête à poser la main sur lui pour l'honorer.

Et malgré ce tremblement le pâtre n'est-il pas heureux de porter la marque d'honneur du roi?

Mais n'est-il pas plus conscient encore de son tremblement?

Car qu'est-ce que mourir, sinon se tenir nu dans le vent et se dissoudre dans le soleil?

Et qu'est-ce que cesser de respirer, sinon libérer le souffle de son cœur sans repos afin qu'il puisse s'élever, se répandre et, dégagé, tendre vers Dieu?

C'est seulement quand vous aurez bu dans la rivière du silence que vraiment vous chanterez.

Et quand vous aurez atteint le sommet de la montagne, c'est alors que vous commencerez à gravir.

Et quand la terre réclamera vos membres, alors vous danserez.

Khalil Gibran
Le Prophète

PRÉCAUTIONS : A prendre à dose homéopathique (c'est-à-dire ligne par ligne) au début, et ensuite selon son

propre jugement. Il n'est pas conseillé d'associer la médecine traditionnelle à ce traitement...
EFFETS SECONDAIRES : Positifs; mais vous risquez de remettre toute votre vie en question. Attention au vertige. Vous allez vous retrouver seul. Face aux autres et face à vous-même.

Hygiène

Enfin, n'oubliez pas vos exercices quotidiens, de préférence sous l'œil ébahi d'un poète.

A VIEW IN THE KITCHEN

(late Sunday morning
in a green nightgown
she practices Dai Chi)
(just like tooth brushing
she declares)

NYC 9/VII/78

Franco Beltrametti
Airmail Postcards

APERÇU DANS LA CUISINE

(Dimanche fin de matinée
en peignoir vert
elle fait son Taï Chi)
(Comme elle se laverait
les dents, dit-elle)

IV

QUART D'HEURE DE CULTURE MÉTAPHYSIQUE

Ce quatrième chapitre est constitué d'un seul texte. C'est un poème de Ghérasim Luca intitulé *Quart d'heure de culture métaphysique.* Leçon de culture qui permet de découvrir ou de relire un grand auteur contemporain, et leçon de métaphysique où sont mis à plat tous les éléments qui, dans notre tête, semblent faire obstacle au bien-être. Quel que soit votre niveau, vous prendrez ce cours avec bénéfice. Ne vous effrayez pas, bien que l'exercice soit extrêmement périlleux, il ne présente en réalité aucun danger.

La lecture doit durer, comme le titre l'indique, un quart d'heure montre en main; ce qui suppose non seulement de lire en détachant chaque syllabe et en articulant lentement chaque son, mais aussi de respecter le long silence proposé par les blancs qui séparent chaque paragraphe.

Cet exercice peut se pratiquer comme une séance de relaxation, allongé au sol, seul ou en groupe, en s'efforçant de suivre mentalement chaque figure proposée.

Allongée sur le vide
bien à plat sur la mort
idées tendues
la mort étendue au-dessus de la tête
la vie tenue de deux mains

Élever ensemble les idées
sans atteindre la verticale
et amener en même temps la vie
devant le vide bien tendu
Marquer un certain temps d'arrêt
et ramener idées et mort à leur position de départ
Ne pas détacher le vide du sol
garder idées et mort tendues

Angoisses écartées
la vie au-dessus de la tête

Fléchir le vide en avant
en faisant une torsion à gauche
pour amener les frissons vers la mort
Revenir à la position de départ
Conserver les angoisses tendues
et rapprocher le plus possible
la vie de la mort

Idées écartées
frissons légèrement en dehors
la vie derrière les idées

Élever les angoisses tendues
au-dessus de la tête
Marquer un léger temps d'arrêt
et ramener la vie à son point de départ
Ne pas baisser les frissons
et conserver le vide très en arrière

Mort écartée
vide en dedans
vie derrière les angoisses

Fléchir la mort vers la gauche
la redresser
et sans arrêt la fléchir vers la droite
Éviter de tourner les frissons
conserver les idées tendues
et la mort dehors

Couchée à plat sur la mort
la vie entre les idées

Détacher l'angoisse du sol en baissant la mort
en tirant les idées en arrière
pour soulever les frissons
Marquer un arrêt court
et revenir à la position de départ
Ne pas détacher la vie de l'angoisse
Garder le vide tendu

Debout
les angoisses jointes
vide tombant en souplesse
de chaque côté de la mort

Sautiller en légèreté sur les frissons
à la façon d'une balle qui rebondit
Laisser les angoisses souples
Ne pas se raidir
toutes les idées décontractées

Vide et mort penchés en avant
angoisses ramenées légèrement fléchies
devant les idées

Respirer profondément dans le vide
en rejetant vide et mort en arrière
En même temps
ouvrir la mort de chaque côté des idées
vie et angoisses en avant
Marquer un temps d'arrêt
aspirer par le vide

Expirer en inspirant
inspirer en expirant

Ghérasim Luca
Quart d'heure de culture métaphysique

V

LE MAL D'AMOUR

En commençant ce livre, nous pensions que la poésie serait généralement associée à l'amour et que nous recevrions un innombrable courrier traitant de ce sujet. Or nos contemporains semblent beaucoup plus inquiets de leur capacité à s'adapter à l'environnement (les réponses évoquant le stress, la fatigue, l'abattement et la tristesse en témoignent), que disposés à évoquer leurs émois amoureux. Au point que nous en fûmes presque démoralisées.

Le chagrin d'amour serait-il devenu aussi désuet que les coiffes bretonnes?

Et la jalousie, oubliée?

Et les scènes de ménage, au placard?

Et le manque?

Esculape lui-même ne pouvait inventer meilleur remède au mal d'amour *Quam ut amanti cedat amatum* * (Que l'aimé cède à celui qui l'aime). Le trai-

* Cf. Robert Burton, *The Anatomy of Melancholy*, vol. 3.

tement paraît simple, mais la vie se charge des complications.

C'est bien toujours la même histoire et les Braves qui choisissent d'accorder aux relations d'amour le temps et l'énergie nécessaires font figure de héros. Leurs épreuves sont exemplaires. Leurs histoires nous émeuvent et nous aimerons toujours les lire. En voici quelques-unes.

Timidité

Ne reculant devant rien, nous nous permettons de conseiller la prochaine lecture à vous, Mesdemoiselles, gentes dames et lectrices attentives, dont les tentatives de séduction se limitent aux battements de cils, rougissements, petits mots doux et attentions délicates. Qu'elles ne s'étonnent pas, ces délicieuses créatures, de ne pas aboutir dans leurs efforts. Il y a longtemps que les grandes séductrices, du moins celles dont le nom est passé à la postérité, ont définitivement opté pour le style « hard ». Jugez-en vous-mêmes à la lecture des trois tirades où Salomé tente de séduire saint Jean-Baptiste dont elle finira par faire couper la tête afin de baiser sa bouche tout son soûl.

SALOMÉ

Iokanaan! Je suis amoureuse de ton corps. Ton corps est blanc comme le lis d'un pré que le faucheur n'a jamais fauché. Ton corps est blanc comme les neiges qui couchent sur les montagnes, comme les neiges qui couchent sur les montagnes de Judée, et descendent dans les vallées. Les roses du jardin de la reine d'Arabie ne sont pas aussi blanches que ton corps. Ni les roses du jardin de la reine d'Arabie, ni les pieds de l'aurore qui trépignent sur les feuilles, ni le sein de la lune quand elle couche sur le sein de la mer... Il n'y a rien au monde d'aussi blanc que ton corps. – Laisse-moi toucher ton corps!

IOKANAAN

Arrière, fille de Babylone! C'est par la femme que le mal est entré dans le monde. Ne me parlez pas. Je ne veux pas t'écouter. Je n'écoute que les paroles du Seigneur Dieu.

SALOMÉ

Ton corps est hideux. Il est comme le corps d'un lépreux. Il est comme un mur de plâtre où les vipères sont passées, comme un mur de plâtre où les scorpions ont fait leur nid. Il est comme un sépulcre blanchi, et qui est plein de choses dégoûtantes. Il est horrible, il est horrible ton corps!... C'est de tes cheveux que je suis amoureuse, Iokanaan. Tes cheveux ressemblent à des grappes de raisins, à des grappes de raisins noirs qui pendent des vignes d'Édom dans le pays des Édomites. Tes cheveux sont comme les cèdres du Liban, comme les grands cèdres du Liban qui donnent de l'ombre aux lions et aux voleurs qui veulent se cacher pendant la journée. Les longues nuits noires, les nuits où la lune ne se montre pas, où les étoiles ont peur, ne sont pas aussi noires. Le silence qui demeure dans les forêts n'est pas aussi noir. Il n'y a rien au monde d'aussi noir que tes cheveux... Laisse-moi toucher tes cheveux.

IOKANAAN

Arrière, fille de Sodome! Ne me touchez pas. Il ne faut pas profaner le temple du Seigneur Dieu.

SALOMÉ

Tes cheveux sont horribles. Ils sont couverts de boue et de poussière. On dirait une couronne d'épines qu'on a placée sur ton front. On dirait un nœud de serpents noirs qui se tortillent autour de ton cou. Je n'aime pas tes cheveux... C'est de ta bouche que je suis amoureuse, Iokanaan. Ta touche est comme une bande d'écarlate sur une tour d'ivoire. Elle est comme une pomme de grenade coupée par un couteau d'ivoire. Les fleurs de grenade qui fleurissent dans les jardins de Tyr et sont plus rouges que les roses, ne sont pas aussi rouges. Les cris rouges des trompettes qui annoncent l'arrivée des rois, et font peur à l'ennemi ne sont pas aussi rouges. Ta bouche est plus rouge que les pieds de ceux qui foulent le vin dans les pressoirs. Elle est plus rouge que les pieds des colombes qui demeurent dans les temples et sont nourries par les prêtres. Elle est plus rouge que les pieds de celui qui revient d'une forêt où il a tué un lion et vu des tigres dorés. Ta bouche est comme une branche de corail que des pêcheurs ont trouvée dans le crépuscule de la mer et qu'ils réservent pour les rois...! Elle est comme le vermillon que les Moabites trouvent dans les mines de Moab et que les rois leur prennent. Elle est comme l'arc du roi des Perses qui est peint avec du vermillon et qui a des cornes de corail. Il n'y a rien au monde d'aussi rouge que ta bouche... laisse-moi baiser ta bouche.

IOKANAAN

Jamais! fille de Babylone! Fille de Sodome! jamais.

SALOMÉ

Je baiserai ta bouche, Iokanaan. Je baiserai ta bouche.

Oscar Wilde
Salomé

INDICATIONS : Manque de suite dans les idées, mièvrerie, tempérament indécis, sensualité vague, frigidité.
POSOLOGIE ET MODE D'EMPLOI : Lire trois fois par jour à voix haute et augmenter la dose si vous n'obtenez pas de résultats. Bien entendu, la tendance au meurtre constitue une contre-indication majeure.

Ce texte sulfureux a contribué à la perte d'Oscar Wilde. Écrit en 1893, directement en français, il fut joué par Sarah Bernhardt mais interdit à Londres dans la traduction anglaise. Ce fut le début d'un long procès intenté par Oscar Wilde, au terme duquel il fut condamné pour outrage aux mœurs à deux ans de travaux forcés qu'il accomplit dans la prison de Reading. Il mourut peu après.

Scènes conjugales

Elles sont pénibles. On peut se consoler en se disant que l'épreuve est largement partagée et que d'autres avant soi l'ont déjà surmontée. Mais comment vaincre cette impression d'accablement qui succède à la débauche de violence dans laquelle on se sent piétiné jusqu'au fond de son être ? Peut-être en lisant les récriminations (justifiées ou non) d'êtres dont on respecte la force de caractère et les engagements.

C'est ce que nous vous proposons avec la lecture des *Lettres* d'Antonin Artaud à Genica Atanassiou. Faites vôtre la colère et le cri d'Antonin, ses phrases sont des armes, des hurlements dont l'audace réconforte : ici est écrit noir sur blanc, en situation d'urgence, ce que sans doute vous n'oseriez jamais dire à voix haute. N'hésitez pas à vous approprier tous les termes utilisés par Artaud et complétez avantageusement la thérapie en lisant l'intégralité des *Lettres de ménage* dont voici quelques extraits :

> Toute discussion est impossible avec toi. Je n'ai plus qu'une chose à te dire : c'est que j'ai toujours eu ce désarroi de l'esprit, cet écrasement du corps et de l'âme, cette espèce de resserrement

de tous mes nerfs, à des périodes plus ou moins rapprochées (...). Je suis à bout de nerfs, à bout de raisons; au lieu de me ménager, tu m'accables, tu m'accables parce que tu n'es pas dans la vérité (...). Tu refuses de mordre à aucune de mes raisons. Mais moi, je n'ai plus de raisons, je n'ai pas d'excuses à te faire, je n'ai pas à discuter avec toi. Je connais ma vie et cela me suffit. Et au moment où je commence à rentrer dans ma vie, de plus en plus tu me sapes, tu recommences mes désespoirs; plus je te donne de raisons d'espérer, de prendre patience, de me supporter, plus tu t'acharnes à me ravager, à me faire perdre les bénéfices de mes conquêtes, moins tu es indulgente à mes maux. Tu ne sais rien de l'esprit, tu ne sais rien de la maladie. Tu juges tout sur des apparences extérieures. Mais moi, je connais, n'est-ce pas, mon dedans : et quand je te crie il n'y a rien en moi, rien dans ce qui fait ma personne, qui ne soit produit par l'existence d'un mal antérieur à moi-même, antérieur à ma volonté, rien dans aucune de mes plus hideuses réactions qui ne vienne uniquement de la maladie et ne lui soit, dans quelque cas que ce soit, imputable, tu en reviens à quelqu'une de tes misérables ratiocinations, tu recommences le déballage de tes mauvaises raisons qui s'attachent à des détails infimes de moi-même, qui me jugent par le petit côté. Mais quoi que j'aie pu faire de ma vie, n'est-ce pas, cela ne m'a pas empêché de repénétrer lentement dans mon être, et de m'y installer chaque jour un peu plus. (...)

(...) tu saccages, avec tes mains de colère, la matière même de mon cerveau. Oui, tu me fais me buter contre moi-même, (...) laisse un peu que la vie m'abandonne, se fasse étale en moi, devant moi. Ne m'accable plus. Assez.

Antonin Artaud
Lettres de ménage

Pour ceux qui penseraient que la souffrance et la fureur exprimées ici sont spécifiquement provoquées par le genre féminin, une biologiste que nous avons interrogée précise qu'elle n'éprouve aucune difficulté à reprendre à son compte le texte d'Artaud et qu'il est bon de lire ces lettres en écoutant *Le combat de Tancrède et Clorinde* de Monteverdi.

Crainte de l'éphémère

La fin d'un amour ressemble à la fin du monde. La peur de la fin d'un amour peut empêcher l'amour de naître comme la peur de la mort peut empêcher de vivre.

Quand on a l'impression que l'ampleur et la violence de nos sentiments suffisent à peupler la galaxie, on ressent au sein même de ce bonheur la menace de sa fin, soit par la mort, soit par l'intervention d'événements extérieurs. Dans ces moments où votre ego enfle plus vite que l'univers et que la fin de toute chose vous est insupportable, qu'il s'agisse de rupture amoureuse ou de rapport au monde, sortez de votre bocal.

Vous tous qui avez un jour souffert de la brièveté d'un amour ou craint la fin du bonheur, lisez Genet qui affirme la permanence du « bonheur d'être ». Il propose une voie vers le dépassement des égoïsmes, peut-être une autre manière d'aimer.

> Ne se sentant exister, comme il me le dit, puisque noir, que par mon trouble, Moubarak était-il comparable à ces lieux émouvants parce qu'ils n'ont rien à craindre; cent ans plus tard, ils permettront le même émoi à un homme aux

aguets. Pour avoir écrit plus haut « si je meurs rien ne mourra » je me donne obligation d'être clair. L'étonnement devant un bleuet, un rocher, la caresse d'une main calleuse, les millions d'émotions qui me composent, je disparaîtrai mais pas elles. D'autres hommes les enregistreront, elles seront encore, grâce à eux. De plus en plus je crois exister afin d'être, parmi d'autres hommes, le support et la preuve que vivent seules les émotions ininterrompues parcourant la création. Le bonheur de ma main dans une chevelure de garçon une autre main le connaîtra, le connaît déjà, et si je meurs ce bonheur se perpétuera. « Je » peux mourir, ce qui a permis ce « je », ce qui a rendu possible le bonheur d'être, perpétuera sans moi le bonheur d'être.

Jean Genet
Un Captif amoureux

CONTRE-INDICATIONS : Allergies à la Palestine, au troisième sexe et aux anges.
EFFETS SECONDAIRES : L'émotion se prolonge éternellement hors du corps aimé et la solitude se peuple d'amis discrets.
PRÉCAUTION : Ces quelques phrases se situant à la page 423, il est recommandé de lire les 422 précédentes puis les 180 suivantes, jusqu'à ce que le sentiment de captivité amoureuse vous saisisse et que vous soyez obligé d'en appeler au ciel pour vous en délivrer.

Détresse amoureuse

New York deux heures du matin. Elle l'aime, il n'est pas là, elle pleure. La jeune romancière punk est seule dans son appartement du Bowery. En détresse. Elle l'attend. Elle est en désir comme en manque. C'est le bord de la mort. Elle ne peut plus écrire. Elle l'attend encore, sachant qu'il ne viendra plus. Entre les crises de larmes, elle lit à haute voix le seul texte qui calme sa douleur comme un miroir adoucissant.

This I write, mix ink with tears,
and have written of grief before,
but never so grievously,
to tell Azra Vamia's pain,
to tell Laila Majnun's plight,
to tell you my own
unfinished story.
Take it. Seek no excuse.
How sweetly you will sing what I so sadly write.

Attribué peut-être à tort à Sa'di
Basil Bunting's Collected Poems (extrait)

J'écris ceci, l'encre mêlée aux larmes,
et j'ai écrit la douleur avant,
mais jamais si douloureusement,
pour dire le chagrin d'Azra Vamia,

pour dire la peine de Laila Majnun,
pour te dire ma propre histoire
inachevée.
Prends. Ne cherche pas d'excuse.
Tu chanteras avec tant de douceur ce que j'écris
si tristement.

C'est ainsi. Certains textes n'ont l'air de rien. Ce n'est qu'à la troisième ou quatrième relecture que leur charme opère. On entre alors dans leur univers; ensuite on ne les oublie plus. Comme une mélopée plaintive, ce poème écrit par un Persan au XIIIe siècle rappelle que l'amour est une chaîne qui lie l'amant à l'aimée et relie les amants de toujours. Si vous pleurez d'amour, redites encore une fois ce petit poème soufi. Il vous apprendra que l'amour est infini.

Éloignement

Lausanne, onze heures du matin. Elle l'aime, il n'est pas là, elle pleure. La pâle jeune fille assise sur un banc au bord du lac relève une mèche blonde mouillée de larmes. Elle soupire. Un coup de vent emporte une feuille de son cours de physique. Pas de réaction. Elle semble hypnotisée par le lac. Mais la main se tend et trouve dans le sac un petit livre qu'elle feuillette à la recherche de la page connue. Les traits se détendent et le corps se redresse. C'est comme si un vieil ami lui chuchotait à l'oreille des mots justes et consolateurs. Lisez avec elle :

> Ne vous laissez pas troubler dans votre solitude parce que vous sentez en vous des velléités d'en sortir. Ces tentations doivent même vous aider si vous les utilisez dans le calme et la réflexion, comme un instrument pour étendre votre solitude à un pays plus riche encore et plus vaste. Les hommes ont pour toutes les choses des solutions faciles (conventionnelles), les plus faciles des solutions faciles. Il est pourtant clair que nous devons nous tenir au difficile. Tout ce qui vit s'y tient. Chaque être se développe et se défend selon son mode et tire de lui-même cette forme unique qui est son propre, à tout prix et contre tout obstacle. Nous savons peu de choses, mais qu'il faille nous tenir au difficile, c'est là

une certitude qui ne doit pas nous quitter. Il est bon d'être seul parce que la solitude est difficile. Qu'une chose soit difficile doit nous être une raison de plus de nous y tenir.

Il est bon aussi d'aimer; car l'amour est difficile. L'amour d'un être humain pour un autre, c'est peut-être l'épreuve la plus difficile pour chacun de nous, c'est le plus haut témoignage de nous-même; l'œuvre suprême dont toutes les autres ne sont que les préparations. C'est pour cela que les êtres jeunes, neufs en toutes choses, ne savent pas encore aimer; ils doivent apprendre. De toutes les forces de leur être, concentrées dans leur cœur qui bat anxieux et solitaire, ils apprennent à aimer. Tout apprentissage est un temps de clôture. Ainsi pour celui qui aime, l'amour n'est longtemps, et jusqu'au large de la vie, que solitude, solitude toujours plus intense et plus profonde. L'amour ce n'est pas dès l'abord se donner, s'unir à un autre. (Que serait l'union de deux êtres encore imprécis, inachevés, dépendants ?) L'amour, c'est l'occasion unique de mûrir, de prendre forme, de devenir soi-même un monde pour l'amour de l'être aimé. C'est une haute exigence, une ambition sans limite, qui fait de celui qui aime un élu qu'appelle le large. Dans l'amour, quand il se présente, ce n'est que l'obligation de travailler à eux-mêmes que les êtres jeunes devraient voir *(zu horchen und zu hämmern Tag und Nacht)*. Se perdre dans un autre, se donner à un autre, toutes les façons de s'unir ne sont pas encore pour eux. Il leur faut d'abord thésauriser longtemps, accumuler beaucoup. Le don de soi-même est un achèvement : l'homme en est peut-être encore incapable.

Rainer Maria Rilke
Lettres à un jeune poète

Ces lignes ont permis à une jeune étudiante séparée du garçon qu'elle aimait de surmonter sa peine

en lui donnant à chaque fois une leçon de maintien intérieur. Rilke avait d'ailleurs écrit ce texte dans un but thérapeutique pour aider le poète avec qui il entretenait une correspondance.

Que vous ayez dix-huit ou soixante-huit ans, cette lecture vous sera d'un précieux recours pendant la période difficile des premiers temps d'une relation amoureuse.

Chagrin d'amour

Faudra-t-il toujours en référer aux sentiments pour parler de ce qu'endure le corps quand il est épris d'un corps absent? La pudeur, la peur, la honte, combien de religions se sont-elles liguées pour masquer la souffrance du CORPS en l'absence de l'être aimé?

Le corps en désir souffre de manque.

(En anglais désir = *want* = manque.)

Des neurobiologistes ont étudié ce phénomène. En particulier Jean-Didier Vincent dans son livre *La Biologie des passions* (Éd. Odile Jacob). Selon lui, il existe effectivement une molécule sécrétée par la passion que l'on retrouve dans tous les états de stress amoureux.

Si le chagrin d'amour vous conduit au bord de la démence et vous fait subir une torture similaire à celle qu'éprouve un drogué en manque, alors lisez attentivement ce sonnet trois fois de suite, à voix basse. Il contient deux vers qui agissent comme une formule magique. Vous risquez cependant une réactivation de la douleur, relisez encore, jusqu'à sentir pénétrer en vous le baume de l'intelligence mis au point dès le XVIe siècle par une grande amoureuse.

Je vis, je meurs : je me brule et me noye.
J'ay chaut estreme en endurant froidure;
la vie m'est et trop molle et trop dure;
j'ay grans ennuis entremeslez de joye.

Tout à un coup je ris et je larmoye,
et en plaisir maint grief tourment j'endure;
mon bien s'en va, et à jamais il dure;
tout en un coup je seiche et je verdoye.

Ainsi Amour inconstamment me meine;
et quand je pense avoir plus de douleur,
sans y penser je me treuve hors de peine.

Puis quand je croy ma joye estre certeine,
et estre au haut de mon desiré heur,
il me remet en mon premier malheur.

Louise Labé
Sonnet VIII.

PRÉCAUTIONS : Personnes mariées : ne pas laisser en évidence sur la table de chevet.
CONTRE-INDICATION : Caractères instables.
Pour compléter le traitement, reportez-vous au texte d'Antonin Artaud, page 33.

Échec

Si, totalement désespéré, obsédé par la mort depuis que votre amour a sombré dans le désastre, vous rentrez chez vous en fin de journée assailli par l'idée du suicide, lisez à mi-voix, en articulant les syllabes ou en fredonnant dans une cadence « andante ma non troppo », de préférence avec un peu d'alcool, le texte suivant :

Verrà la morte e avrà i tuoi occhi –
questa morte che ci accompagna
dal mattino alla sera, insonne,
sorda, come un vecchio rimorso
o un vizio assurdo. I tuoi occhi
saranno una vana parola,
un grido taciuto, un silenzio.
Cosí li vedi ogni mattina
quando su te sola ti pieghi
nello specchio. O cara speranza,
quel giorno sapremo anche noi
che sei la vita e sei il nulla.

Per tutti la morte ha uno sguardo.
Verrà la morte e avrà i tuoi occhi.
Sarà come smettere un vizio,
come vedere nello specchio
riemergere un viso morto,
come ascoltare un labbro chiuso.
Scenderemo nel gorgo muti.

La mort viendra et elle aura tes yeux –
cette mort qui est notre compagne
du matin jusqu'au soir, sans sommeil,
sourde, comme un vieux remords
ou un vice absurde. Tes yeux
seront une vaine parole,
un cri réprimé, un silence.
Ainsi les vois-tu le matin
quand sur toi seule tu te penches
au miroir. O chère espérance,
ce jour-là nous saurons nous aussi
que tu es la vie et que tu es le néant.

La mort a pour tous un regard.
La mort viendra et elle aura tes yeux.
Ce sera comme cesser un vice,
comme voir resurgir
au miroir un visage défunt,
comme écouter des lèvres closes.
Nous descendrons dans le gouffre muets.

22 mars 1950

Cesare Pavese
« La mort viendra et
elle aura tes yeux »

C'est un historien turc qui nous assure avoir vécu cet état et utilisé cette prescription avec succès.

Le traitement est déconseillé aux personnes immatures, aux positivistes et aux épicuriens inguérissables.

Ce poème était sur la table de Pavese lorsqu'il s'est suicidé en 1950.

Fièvre sexuelle (chaleurs)

Madame, voici un texte destiné à sauver votre couple en péril. Sans être une bête, votre compagnon a des pulsions enthousiastes qui ne rencontrent pas toujours d'écho chez vous. Vous êtes trop fatiguée. La tension monte. Ce soir encore vous êtes allée vous coucher pendant qu'il terminait de débarrasser la table, et vous serez probablement déjà endormie quand il vous rejoindra. Faites un dernier effort avant de sombrer dans les bras de Morphée. Cachez sous le sommier les publications remplies de créatures outrageusement dénudées, et mettez à leur place, en évidence sur la table de chevet, le poème suivant, que vous aurez au préalable joliment recopié, par exemple sur du papier mauve et parfumé.

LE LAC FERMÉ

Je suis allé au bord du lac
Me suis penché sur son miroir
Je lui ai dit : donne-moi une goutte d'eau
Il a dit : je suis trop endormi.

Je me suis fait petit ruisseau
Du haut des montagnes j'ai pris mon élan
Pour venir au bord du lac
Il a fermé les yeux.

J'ai volé des étoiles à la nuit
Les ai déposées sur sa rive
Il a demandé : que me donnes-tu là,
Je suis plein de sel.

Je me suis dévêtu
Me suis penché sur le lac
Je lui ai demandé : veux-tu pleurer avec moi?
Il a dit : je suis trop endormi.

Bariş Pirhasan

Ce poème a l'air innocent. Nous pouvons vous assurer qu'il produit le même effet qu'une douche froide.

N'en abusez pas, et n'oubliez pas que la situation pourrait un jour s'inverser.

Cher lecteur, ce texte s'adresse aussi à vous car nous n'ignorons pas que parfois des furies vous assaillent et qu'il est bien difficile alors pour un gentleman de se dérober sans perdre la face.

En cas de résistance au traitement, reportez-vous p. 33 à « Rut ».

Jalousie

Quand la jalousie s'empare d'une âme il n'est point de remèdes. Il n'y a que blessure, vide et désespoir de ne pouvoir se soustraire à la torture. Aucune raison ne ramène au calme l'esprit qui se perd dans cette nébuleuse de passion négative. Aucune logique ne peut faire échec à l'hydre au visage affreux.

Il faut au moins le secours de l'univers entier et s'efforcer de percevoir le scintillement des étoiles pour sortir de cette nuit épaisse dans laquelle l'esprit s'englue.

Une jeune femme nous a communiqué cette expérience pénible. Elle parle de désespérance aiguë, de brouillards matinaux après une nuit d'angoisse et d'hallucinations dictées par la jalousie ou le vide, mais elle dit aussi qu'avant le premier café/cigarette du matin, il y a ces phrases merveilleuses à mâcher dix fois de suite puis à chuchoter toutes les deux heures jusqu'à midi.

Écoutez !
Puisqu'on allume les étoiles,
c'est qu'elles sont à quelqu'un nécessaires ?
C'est que quelqu'un désire qu'elles soient ?

C'est que quelqu'un dit perles ces crachats?
Et, forçant
la bourrasque à midi des poussières,
il fonce jusqu'à Dieu,
craint d'arriver trop tard,
pleure,
baise sa main noueuse,
implore –
il lui faut une étoile! –
jure
qu'il ne peut supporter ce martyre sans étoiles.
Ensuite,
il promène son angoisse,
il fait semblant d'être calme.
Il dit à quelqu'un :
« Maintenant, tu vas mieux, n'est-ce pas?
T'as plus peur?
Dis? »
Écoutez!
Puisqu'on allume
les étoiles –
c'est qu'elles sont à quelqu'un nécessaires?
C'est qu'il est – indispensable,
que tous les soirs
au-dessus des toits
se mette à luire seule au moins une étoile?

Maïakovski
Écoutez! (1913)

Un risque d'interruption momentanée de la pensée n'est pas à exclure après cet exercice. Mais n'est-ce pas là le charme puissant de la poésie que sa capacité à disjoncter les neurones?

VI

FACE AUX ÉPREUVES DE L'EXISTENCE

Montesquieu écrivait dans ses *Cahiers :*

L'étude a été pour moi le souverain remède contre les dégoûts de la vie, n'ayant jamais eu de chagrin qu'une heure de lecture ne m'ait ôté.

Notre sensibilité moderne fait plus de cas des épreuves du deuil ou de l'éloignement des êtres chers. Mais il n'empêche. Un texte bien choisi donne souvent des résultats excellents même dans les situations pénibles. Si les états latents de spleen ou de révolte s'accompagnent bien d'auteurs qu'on cajole et dont on rumine certains passages, les misères qui rythment la vie quotidienne relèvent plutôt d'une médication d'urgence, parfois difficile à découvrir par soi-même. Notre livre est là pour vous guider.

Nous avons le regret de vous annoncer
le décès du

Docteur Jacques Cahen

survenu le 30 mai 1988, à la suite d'une overdose
du poème suivant :

Tende Strömfeld Simonetta
Teufen Amyklée Aveiro au fleuve
Vouga la famille Alenaestro le
nom de la Amalasuntha Antegon
Anathème Ardinghellus Sorbonne Celestin
et Innocent ont le discours inter
rompu et lui nommé le jardin
botanique des évêques français -
Aloïsia Sigea differentia vitae
urbanae et rusticae Thermodon
un fleuve en Cappadoce Val -
Telino Schönberg Scotus Schönberg Téneriffe
Salaco Venafro
contrée
de l'Olympe Weissbrunn en Basse -
Hongrie Zamora Yacca Baccho
Imperiali Gênes Larissa en Syrie

Maintenant je comprends l'homme seulement, alors
que loin de lui
et dans la solitude je vis.

Hölderlin

Exil

Un musicien de nos amis est parti de Hongrie à seize ans, les mains dans les poches, le saxo coincé sous le bras comme seul moyen de communication. Il s'est retrouvé à Paris, « immergé » dans la langue française dont il ne parlait pas un mot. Paradoxalement, c'est à travers les textes les plus obscurs qu'il obtenait un réconfort à sa condition d'exilé. Ceux de Mallarmé par exemple. Il en percevait la musique là où les Français s'égaraient dans la recherche du sens. Et la conscience qu'il avait d'être en intelligence avec un texte dont il ignorait la langue le sauvait du désespoir. Alors soulagez vos amis étrangers, musiciens en particulier, en les incitant à lire ces Sonnets de Mallarmé.

I

Quand l'ombre menaça de la fatale loi
Tel vieux Rêve, désir et mal de mes vertèbres,
Affligé de périr sous les plafonds funèbres
Il a ployé son aile indubitable en moi.

(...)

II

Le vierge, le vivace et le bel aujourd'hui
Va-t-il nous déchirer avec un coup d'aile ivre
Ce lac dur oublié que hante sous le givre
Le transparent glacier des vols qui n'ont pas fui!

Un cygne d'autrefois se souvient que c'est lui
Magnifique mais qui sans espoir se délivre
Pour n'avoir pas chanté la région où vivre
Quand du stérile hiver a resplendi l'ennui.

Tout son col secouera cette blanche agonie
Par l'espace infligé à l'oiseau qui le nie,
Mais non l'horreur du sol où le plumage est pris.

Fantôme qu'à ce lieu son pur éclat assigne,
Il s'immobilise au songe froid de mépris
Que vêt parmi l'exil inutile le Cygne.

(...)

IV

Ses purs ongles très haut dédiant leur onyx,
L'Angoisse, ce minuit, soutient, lampadophore,
Maint rêve vespéral brûlé par le Phénix
Que ne recueille pas de cinéraire amphore

Sur les crédences, au salon vide : nul ptyx,
Aboli bibelot d'inanité sonore,
(Car le Maître est allé puiser des pleurs au Styx
Avec ce seul objet dont le Néant s'honore).

Mais proche la croisée au nord vacante, un or
Agonise selon peut-être le décor
Des licornes ruant du feu contre une nixe,

Elle, défunte nue en le miroir, encor
Que, dans l'oubli fermé par le cadre, se fixe
De scintillations sitôt le septuor.

Stéphane Mallarmé
Plusieurs sonnets

En cure rapide, on peut préférer apprendre par cœur ces quelques lignes extraites du *Bateau Ivre :*

Si je désire une eau d'Europe, c'est la flache
Noire et froide où vers le crépuscule embaumé
Un enfant accroupi plein de tristesses, lâche
Un bateau frêle comme un papillon de mai.

Arthur Rimbaud
Poésies

Castration matrimoniale

Nous n'avons aucune expérience en la matière. Nous ne sommes même pas certaines de bien comprendre la signification de cette expression et nous laissons l'entière responsabilité de ses propos à son auteur. C'est un peintre (excellent), poète (de talent), performer (accompli), concubin notoire et père de famille au demeurant charmant. De tout cela nous pouvons témoigner... Et pourtant de façon saisonnière il avoue être assailli d'envies meurtrières qu'il a jusqu'à présent maîtrisées avec la complicité d'Alphonse Allais. Voici sa prescription.

POSOLOGIE ET MODE D'EMPLOI : A dire à haute voix en coupant un rosbif fondant pas trop cuit, sans quitter des yeux son aimée – momentanément ou durablement haïe.

PRÉCAUTION : Éviter d'habiter ailleurs qu'au rez-de-chaussée.

> « *Rien n'est impossible à l'homme,* comme disait le garçon boucher qui jetait sa maîtresse par la fenêtre de leur petit logement du cinquième étage. »
>
> Alphonse Allais
> *Propos détachés de Sam Weller,*
> *IIe et finale série*

Les hommes que nous aimons sont de bien étranges créatures et nous vivons dangereusement.

Approche de la mort

Pour composer ce livre, nous avons reçu de nombreux témoignages décrivant une expérience personnelle. Certains, plus que d'autres, nous ont émues, tel celui-ci, envoyé par une enseignante en retraite. Nous publions sans rien y changer la lettre qu'elle nous a adressée en accompagnement du texte proposé.

« Passé soixante-dix ans mon mari et moi avions compris, admis, que la mort est inéluctable mais nous demeurions effrayés des jours qui la précèdent; la solitude, les mensonges pieux qui vous sont prodigués. C'est alors que j'ai appris à mon mari cette poésie que je savais depuis longtemps. Depuis, nous la répétons tous deux ensemble les jours de cafard. Vous saurez beaucoup mieux que moi faire sentir combien la musique plus que les mots peuvent vous apaiser et vous détacher du présent. »

Vous qui m'aiderez dans mon agonie,
Ne me dites rien;
Faites que j'entende un peu d'harmonie,
Et je mourrai bien.

La musique apaise, enchante, et délie
Des choses d'en bas;
Bercez ma douleur; je vous en supplie,
Ne lui parlez pas.

Je suis las des mots, je suis las d'entendre
Ce qui peut mentir;
J'aime mieux les sons qu'au lieu de comprendre
Je n'ai qu'à sentir;

Une mélodie où l'âme se plonge
Et qui sans effort,
Me fera passer du délire au songe,
Du songe à la mort.

Vous qui m'aiderez dans mon agonie,
Ne me dites rien.
Pour allègement un peu d'harmonie
Me fera grand bien.

Sully Prudhomme *
L'agonie (extrait)

* Sully Prudhomme fut le premier Prix Nobel de Littérature en 1901.

A.M.M. 304
Remboursé Sécurité Sociale à 40 %

® Marque déposée

CECI EST [redacted] DE LA POESIE. LA POESIE
[redacted] N'EST PAS UN PRODUIT COMME LES AUTRES
[redacted] LA POESIE
[redacted] EST UN PRODUIT ACTIF
Une longue recherche a permis de découvrir son activité
Mais son absorption n'est pas toujours sans danger
[redacted] LAISSEZ [redacted] A PORTEE [redacted] DES ENFANTS
[redacted]
UTILISEZ [redacted] LA POESIE
[redacted] dont vous avez besoin
Exécutez [redacted] suivez [redacted] interrompez [redacted] reprenez de votre seule initiative
[redacted]
IL NE S'AGIT PAS POUR VOUS DE PRENDRE BEAUCOUP DE [redacted] POESIE
IL S'AGIT POUR VOUS DE PRENDRE [redacted] DONT VOUS AUREZ BESOIN LA POESIE

agiter avant de servir

P. 050 145 L

dépasser la dose prescrite

LABORATOIRES L.
B.P. 29 - 004 ILLAC France

DIRECTION MEDICALE
Route de Mars - 203 om Cedex
Tél. 38 07

Asthénie du noctambule

Imaginez la place des Invalides ou tout autre lieu aussi grouillant de vie, un petit matin de mars. Vous avez quitté des amis charmants dans l'euphorie d'une nuit dont vous vous sentiez le roi. Vous espérez un taxi, une demi-heure plus tard vous désespérez. Et soudain, dans la pluie froide, la fatigue vous submerge.

Comme nous, peut-être vous êtes-vous trouvé plus d'une fois dans cette situation piteuse. Désormais ne sortez plus le soir sans votre Rictus dans la poche en guise de cordial.

Quand tout l' mond' doit êt' dans son lit
Mézig trimarde dans Paris,
Boïaux frais, cœur à la dérive,
En large, en long, su' ses deux rives,
En Été les arpions brûlés,
En Hiver les rognons cinglés,
(...)
J'suis l'Empereur du Pavé,
L'princ'du Bitum', l'duc du Ribouis,
L'marquis Dolent-de-Cherche-Pieu,
L'comt' Flageolant-des-Abatis,
L'baron d'l'Asphalte et autres lieux.

J'suis l'baladeur... le bouff'-purée,
Le rôd-la-nuit... le long' ruisseaux,
Le marque-mal à gueul' tirée
Lc mâch' angoiss'... le cause-tout-haut.

Jehan Rictus (extraits)
Nocturne I

POSOLOGIE ET MODE D'EMPLOI : Les vers cinq, six et quinze doivent être braillés du fond des tripes. S'arrêter à la cent-cinquantième fois et envisager immédiatement un moyen radical d'en finir.
PRÉCAUTION : Retrouver un calme, même apparent, dès qu'un gyrophare bleu est en vue.
EFFET SECONDAIRE : Sentiment fallacieux de puissance.

Deuil

Le plus souvent, face au deuil, on est conformiste. Il faut beaucoup d'intelligence et de courage pour se risquer à proposer une attitude différente au cours de cette épreuve. A partir d'un texte presque naïf de Juan Ramon Jimenez, voici une analyse très fine des mécanismes qui régissent le temps du chagrin.

INDICATION : A chaque fois que nous nous trouvons devant une perte trop déchirante pour nous arracher des larmes.
CONTRE-INDICATION : Malades allergiques à la thérapie de la douleur et son double s'abstenir car, de la même façon que le double de Platero usurpe la place du vrai, les larmes qui nous viennent d'une douleur d'adoption soulagent notre douleur de ne pas pleurer la vraie.
POSOLOGIE ET MODE D'EMPLOI : Apprendre l'espagnol s'il le faut pour lire le texte original.

PLATERO DE CARTON

Platero, cuando, hace un año, salió por el mundo de los hombres un pedazo de este libro que escribí en memoria tuya, una amiga tuya y mía me regaló este Platero de cartón. ¿Lo ves desde ahí? Mira : es mitad gris y mitad blanco; tiene la boca negra y colorada, los ojos, enormemente grandes y enormemente negros; lleva unas angarillas de barro con seis macetas de flores de papel de seda, rosas, blancas y amarillas; mueve la cabeza y anda sobre una tabla pintada de añil, con cuatro ruedas toscas.

Acordándome de ti, Platero, he ido tomándole cariño a este burrillo de juguete. Todo el que entra en mi escritorio le dice sonriendo : « Platero. » Si alguno no lo sabe y me pregunta qué es, le digo yo : « Es Platero... » Y de tal manera me ha acostumbrado el nombre al sentimiento, que ahora mismo, aunque esté solo, creo que eres tú y lo mimo con mis ojos.

¿Tú? ¡Qué vil es la memoria del corazón humano! Este Platero de cartón me parece hoy mas Platero que tú mismo, Platero...

Madrid, 1915.

Juan Ramon Jimenez
Platero y yo

PLATERO EN CARTON

Platero, quand, il y a un an de cela, un morceau de ce livre que j'ai écrit en ton souvenir est sorti dans le monde des hommes, une amie à toi et à moi m'a offert ce Platero en carton. Le vois-tu de là où tu es? Regarde : il est à moitié gris et à moitié blanc; il a la bouche noire et rougeâtre, les yeux énormément grands et énormément noirs;

il est bâté de paniers en terre cuite, avec six pots de fleurs en papier de soie, roses, blancs et jaunes; il bouge la tête et il marche sur une petite table indigo, aux quatre roues pas trop nettes.

Me souvenant de toi, Platero, je me suis pris petit à petit de tendresse pour cet ânon jouet. Tous ceux qui entrent dans mon bureau lui disent en souriant : « Platero. » Si quelqu'un ne le sait pas et me demande qui c'est, je lui dis : « C'est Platero... » Et le nom m'a à ce point habitué au sentiment que maintenant, même quand je suis seul, je crois que c'est toi et je le caresse des yeux.

Toi? Qu'elle est vile, la mémoire du cœur humain! Ce Platero en carton me semble aujourd'hui plus Platero que toi-même, Platero...

EFFETS SECONDAIRES : Les malades ne s'autorisant pas de substitut à leur propre douleur risquent à tout jamais de ne plus pleurer.

PRÉCAUTION : Étant donné qu'un transfert de douleur laisse la nôtre à l'abri, mieux vaut ne pas abuser de cette douleur de représentation. D'autres textes de *Platero y yo* peuvent être pris en alternance. Essayez les chapitres 132 à 138 de l'édition espagnole.

Quitter sa maîtresse

Admettons que vous soyez amoureux. Et admettons que votre amour, votre maîtresse, votre aimée, votre déesse vous trompe... avec votre meilleur ami, ou, moins classiquement, avec votre amant. Vous jetez-vous dans le premier fleuve en crue? Non, vous écrivez cent cinquante-quatre petites merveilles, des sonnets par exemple. Et au milieu des descriptions les plus subtiles ou violentes de l'état amoureux, de la vie et de la mort, du cosmos, etc., vous glissez quelques perfidies destinées à dégoûter votre rival de sa proie. Ça c'est l'histoire de Shakespeare, dit « Willie le Désir » (cf. la version anglaise des *Sonnets CXXXV* et *CXXXVI*).

Eh bien, ces perfidies, vous pouvez très élégamment les reprendre à votre compte lorsque l'amour-goût que vous éprouvez pour une dame devient encombrant. Comme ceci par exemple :

INDICATION : Situation adultérine culpabilisante (pour les hommes mariés ou les concubins).
Impuissance mentale à rompre (pour les célibataires).
POSOLOGIE ET MODE D'EMPLOI : Apprendre le texte par cœur. Puis le réciter mentalement devant sa maî-

tresse (le plus souvent possible). Le dire à voix haute offre toutefois la possibilité d'accélérer la rupture.

My mistress' eyes are nothing like the sun;
Coral is far more red than her lips' red;
If snow be white, why then her breasts are dun;
If hairs be wires, black wires grow on her head.
I have seen roses damask'd, red and white,
But no such roses see I in her cheeks;
And in some perfumes is there more delight
Than in the breath that from my mistress reeks.
I love to hear her speak, yet well I know
That music hath a far more pleasing sound:
I grant I never saw a goddess go;
My mistress, when she walks, treads on the ground.

W. Shakespeare
Sonnet CXXX (extrait)

Les yeux de ma maîtresse n'ont rien du soleil; le corail est plus rouge que le rouge de ses lèvres; et si blanche est la neige, pourquoi donc ses seins bruns; si les cheveux sont des fils, sur sa tête sont des fils noirs.

J'ai vu des roses damassées, rouges et blanches, mais je n'aperçois pas ces roses sur ses joues; et dans quelques parfums il est plus de finesse que dans le souffle qui ressort de ma maîtresse.

J'aime l'entendre parler, mais je sais bien que la musique a un son plus plaisant; j'avoue n'avoir jamais vu déesse marcher, – ma maîtresse est pesante à la terre, en marchant.

PRÉCAUTIONS D'EMPLOI : L'auto-persuasion est une méthode risquée. Le corps peut ne pas suivre les progrès du mental, provoquant regrets et pleurs.

Être tout à fait assuré de son désir de rompre sans procrastination.
EFFETS SECONDAIRES : A force de se le dire, dégoût ou nausée peuvent apparaître, entraînant de la tête au cœur une misogynie tenace.

Évidemment c'est assez désobligeant, mais tout de même plus chic que le banal « t'es bête, t'es moche ». Et quitte à être quittées *, pourrions-nous rêver, chères lectrices, tentative de désamour moins blessante?

* Pardon Nicolas.

Surmenage urbain

Dans les cas de pertes sensorielles consécutives à un séjour trop prolongé en ville (excès de macadam et de béton), assorties de fatigues existentielles, voici notre conseil :

POSOLOGIE ET MODE D'EMPLOI : A parcourir du coin de l'œil en vaquant à ses occupations habituelles. En cas de crise, peut se pratiquer en incantations, une fois par jour, de préférence au coucher du soleil.
PRÉCAUTIONS : Attention aux courants d'air et au rhume des foins. Risques de surdité (si associé à l'onanisme).
CONTRE-INDICATIONS : Jamais avant une soirée branchée. L'association aux thérapeutiques écologistes peut provoquer un surdosage.
EFFETS SECONDAIRES : Chez l'homme, effet contraceptif en cas d'usage prolongé. Chez la femme : les études sont en cours. Peut être prescrit chez la femme enceinte.

SENSATION

Par les soirs bleus d'été, j'irai dans les sentiers,
Picoté par les blés, fouler l'herbe menue :
Rêveur, j'en sentirai la fraîcheur à mes pieds.
Je laisserai le vent baigner ma tête nue.

Je ne parlerai pas, je ne penserai rien :
Mais l'amour infini me montera dans l'âme,
Et j'irai loin, bien loin, comme un bohémien,
Par la Nature, – heureux comme avec une femme.

Arthur Rimbaud
Mars 1870.

Surmenage domestique

Certains jours, faire le ménage apparaît comme une besogne désespérante, infinie. Même passer l'aspirateur ou retaper le lit, tâches circonscrites et faciles en théorie, s'avèrent impossibles.

Nous avons sélectionné deux traitements. Voici le premier, testé pour vous par une institutrice et mère de famille : décrochez l'aspirateur (de préférence blanc, modèle récent) en récitant par cœur :

DER SCHWAN

NICHTS
über den Wassern
und schon hängt am Augenschlag
schwanenhafte Geometrie
wasserbewurzelt
aufrankend
und wieder geneigt
Staubschluckend
und mit der Luft maßnehmend
am Weltall –

Nelly Sachs
Présence à la nuit

LE CYGNE

RIEN
sur les eaux
Et déjà est suspendue au battement de
tes yeux la figure d'un cygne
qui s'enracine dans l'onde
grimpe
et de nouveau s'incline
Absorbant la poussière
et prenant avec l'air
mesure de l'univers.

Vous n'êtes pas convaincu? Vous n'êtes donc pas sensible aux thérapies douces. Celle-ci émane pourtant de la plume d'un prix Nobel.

En cas d'échec ou de rechute, essayez alors la prescription de William Burroughs en vous pénétrant de l'art du « Do Easy », selon la discipline du colonel Sutton Smith :

(...) Journée grise et douce et le Colonel décide de ramener son temps au temps présent. Sur la table il contemple les objets qui font partie du petit déjeuner calculant tous les gestes qu'il faudra faire pour la débarrasser. Il mesure la distance entre sa chaise et la table comment la repousser sans se cogner les genoux. Il repousse sa chaise et se lève. Avec des gestes lents et précis il nettoie son assiette avec le *Business News* du *Times* en fait un paquet triangulaire, il enlève les assiettes le couteau la fourchette la cuillère la tasse la soucoupe les emporte à la cuisine et sans gestes inutiles ou gauches il lave le tout et le range. Avant même de bouger il avait fait le bilan de tous

ces gestes futurs. Il avait découvert la simple discipline *DO EASY*, SANS EFFORT, qui est fondamentale. Il faut tout faire simplement. Il faut faire tout ce qui doit être fait de la manière la plus *facile* et décontractée. Ainsi il devint un étudiant assidu de la Méthode SE... Nettoyer son appartement devient un problème de logistique. Il se familiarise avec chaque objet avec chaque morceau de papier ou débris et il leur donne des noms. Il a mis au point l'art de *jeter* draps et couvertures pour qu'ils retombent comme il faut et les douces et silencieuses cuillères sur la table... pendant un an dans le plus grand secret il s'entraîna avant de révéler les secrets de la Méthode SE.
Quand le Colonel nettoie et range sa petite cuisine les téléspectateurs retiennent leurs souffles devant le petit écran. Couteaux fourchettes cuillères brillent sous les doigts du Colonel et résonnent lorsqu'ils tombent en se rangeant dans le tiroir. Il effleure les robinets avec ses doigts précis et doux juste assez de pression pour ne pas user les rondelles. Les serviettes se plient toutes seules et mollement rejoignent leur place. Allant ici et là il froisse les morceaux de papier et les paquets de cigarettes vides et les lance pardessus son épaule et ils retombent toujours dans le panier précision du Maître Zen qui de sa flèche atteint la cible dans le noir. Il va et vient dans le salon il souffle dans le creux de sa main et délicatement ramasse la cendre d'une cigarette qui retombe dans le panier à papier. Dans la chambre mouvements lents il nettoie le lavabo range ses affaires de toilettes *une nature morte* différente chaque jour. D'un geste fluide il *jette* les draps en l'air les draps ondulent retombent puis les couvertures et ses doigts effleurent tissus et matelas le lit est fait bordé. En deux minutes exactement l'appartement est éblouissant...

W.S. Burroughs
Exterminateur!

– Ah quel rêve!
– Allez, relis-le-moi encore une fois...

Surmenage intellectuel

Voici enfin le plus luxueux des surmenages dont personne cependant ne peut se dire à l'abri : la surchauffe des méninges. Même si vous n'avez jamais eu l'intention de préparer l'agrégation de droit international, ou si votre thèse sur l'épigraphie romaine dans la région de Volubilis sous le Haut-Empire a cessé de vous obséder, une crise de surmenage intellectuel peut vous surprendre en triant le courrier. Dans cette éventualité, nous avons sélectionné la thérapie suivante :

INDICATION : Excès intellectuels en tous genres.
CONTRE-INDICATION : États dépressifs aigus (le vers antépénultième est très dur).
POSOLOGIE ET MODE D'EMPLOI : Répéter à plusieurs reprises sur le ton d'une comptine.
EFFET SECONDAIRE : Peut donner l'air idiot, en cas d'usage prolongé sans self-control.

L'amiral Larima
La rime à quoi
La rime à rien
L'amiral Lamira
L'amiral Rien

Jacques Prévert
Paroles

Ivresse

Après avoir lu cette page, vous ne redouterez plus le moment fatidique où la chimie des divers breuvages absorbés s'efforce de vous faire perdre contenance. On connaît la suite, certains courent s'isoler, d'autres s'écroulent raide mort. Lamentable.

Recopiez le texte suivant. Emportez-le chaque fois que vous prévoyez des libations prolongées. Dès l'apparition des premiers symptômes, sortez le petit papier, à lire avec un accent méridional mezza-voce.

A mesure que je vois
J'oublie, j'oublie
J'oublie tout ce que je vois

A mesure que je pense
Je dépense je dépense!

A mesure que je vis
Je dévie je dévie!

Mais à mesure que je meurs
Je demeure je demeure.

Jean Tardieu
Les Préfixes

PRÉCAUTION : Dosage des transaminases *.
EFFET SECONDAIRE : Achat immédiat des œuvres complètes de Jean Tardieu.

* Examen médical pratiqué dans les maladies du foie.

Séparation

Vous avez divorcé ou fui le foyer conjugal. Vous aviez vos raisons. Vous avez aussi laissé votre enfant que vous ne voyez plus qu'épisodiquement.

Quelque temps après la séparation, vous passerez très probablement par cet état de nostalgie extrême décrit par un jeune père, quand revient en mémoire le souvenir de votre fils ou fille unique dont les doigts parcouraient le clavier d'un piano.

Le texte que vous allez lire n'a pas la fonction de vous distraire de cette douleur, car si la réminiscence provoque de la souffrance, elle est encore préférable à l'oubli.

Lorsque la nostalgie devient trop forte, isolez-vous pour lire le poème de Nicolàs Guillèn en écoutant si possible un disque de Pablo Milanes ou de Sory Kandia Kouyate.

MADRIGAL

De tes mains s'égouttent
les ongles, grappe de dix raisins violets.

Peau,
chair de tronc brûlé
qui enfume dans le naufrage du miroir
les algues timides du fond.

Nicolàs Guillèn

Il est à prévoir que ce texte prolonge votre tristesse. Mais, dans ce cas très particulier, la meilleure thérapie ne consiste-t-elle pas à accepter la douleur, apprendre à vivre avec, savoir l'apprivoiser, plutôt que la refouler?

Divorce

Les paroles de Gandhi que vous allez lire furent envoyées par une femme, sous forme de lettre anonyme, à son ex-époux encore animé de haine, peu après leur séparation. Elle avait déjà constaté le bien que lui procuraient ces lignes dans les moments d'accablement dus à la fureur persistante de son ancien mari. L'idée lui vint que ces mots apaisants pouvaient lui apporter plus de profit encore. L'homme était fort cultivé. Il avait toujours respecté l'engagement de Gandhi et ne manquerait pas de percevoir la profondeur de cet écrit. Mais pouvait-elle vraiment prévoir l'effet que ce message lénifiant aurait sur cet être au caractère emporté ? (Nous le supposons.) Toujours est-il que trois heures après la distribution du courrier l'homme fut retrouvé mort, tenant la lettre dans sa main crispée. Voici l'instrument du crime :

> (...) « La non-violence a pour condition préalable le pouvoir de frapper. C'est un refrènement conscient et délibéré du désir de vengeance.
> « La vengeance reste sans doute supérieure à la soumission passive, efféminée, impuissante, mais la vengeance aussi est faiblesse. Car le désir de vengeance naît de la crainte.

(...)
« La clémence du mouton ou du lapin ne possède aucune signification. Il faut avoir la puissance pour y renoncer. Il faut avoir du courage pour renoncer à la violence. Il faut montrer son courage par son refus de la violence.
« Le pardon est la parure du guerrier. »
(...) « Comment combattre la violence sans nuire au violent?
« Ce n'est pas l'ennemi que vous avez à combattre mais l'erreur de l'ennemi : l'erreur que commet votre prochain lorsqu'il lui arrive de se croire votre ennemi. Faites-vous l'allié de votre ennemi contre son erreur.
« L'inimitié est un effet de l'ignorance. Car entre tout homme et tout autre le lien fraternel subsiste, que celui qui pratique l'inimitié oublie. C'est au non-violent de le lui rappeler. Ce lien que l'autre oubliait parce qu'il ne pensait qu'à soi, vous ne pouvez le lui rappeler que par l'oubli de vous-même. (...)
« La fibre la plus coriace doit fondre au feu de l'amour. Si elle ne fond, c'est que le feu n'est pas assez fort. »
(...)
« La vie se nourrit de destructions. La vie est tout de même la plus forte. L'amour au fond et à la fin est plus fort que la haine. »

Lanza del Vasto
Le Pèlerinage aux sources

Là nous sommes en plein potage.

Nous avons trahi notre correspondant californien qui a choisi de vivre au pays des « Flower People », pour tenter de mettre en pratique au quotidien les préceptes de Gandhi sur la non-violence. Jeune marié heureux, il nous a envoyé ce texte parce qu'il lui avait permis de surmonter bien des épreuves. Et nous dévoilons à la place de son témoignage un fait divers macabre dans lequel la haine, la fureur et la vengeance volent la vedette à l'amour.

Mais c'est le paradoxe de la vie même qui est à la fois amour et haine que de permettre aux mêmes mots de produire un effet et son contraire. Et les chemins de la connaissance sont insondables.

Intolérance

Faisons une pause et entrons un instant dans le monde idéal que Joachim du Bellay nous propose, où chacun exprimerait sa sensibilité du moment, libre, sans désir de convaincre, ni peur de déplaire.

Ceux qui sont amoureux leurs amours chanteront,
Ceux qui aiment l'honneur chanteront de la gloire,
Ceux qui sont près du roy publieront sa victoire,
Ceux qui sont courtisans leurs faveurs vanteront;

Ceux qui aiment les arts les sciences diront,
Ceux qui sont vertueux pour tels se feront croire,
Ceux qui aiment le vin deviseront de boire,
Ceux qui sont de loisir de fables escriront;

Ceux qui sont mesdisants se plairont à mesdire,
Ceux qui sont moins fascheux diront les mots pour rire,
Ceux qui sont plus vaillants vanteront leur valeur;

Ceux qui se plaisent trop chanteront leur louange,
Ceux qui veulent flatter feront d'un diable un ange :
Moi, qui suis malheureux, je plaindrai mon malheur.

Joachim du Bellay
Ceux qui sont amoureux...
(Les Regrets)

POSOLOGIE ET MODE D'EMPLOI : Lire à petites doses jusqu'à le savoir par cœur, les jours où l'on veut avoir la paix * et surtout pas les jours où l'on se sent psychasthène *, assailli de doutes et de phobies. Attention aux risques de somnolence.

Il n'est pas exclu que, malgré sa douceur, ce texte dit à voix haute en présence d'autrui puisse passer pour un reproche, mais peut-on imaginer plaidoyer plus élégant pour le respect des individualités?

* Sinon lire *La Légende des Siècles* de Victor Hugo.

Divergence de vues avec son père

Si vous êtes brave (très brave), voici un texte à lire à haute voix lors d'une soirée littéraire familiale ou à Noël.

PRÉCAUTION (important) : Faire ses bagages et rester près de la porte de sortie.
CONTRE-INDICATION : Père cardiaque.

Nous vous conseillons de bien préparer votre prestation. Pas question de bafouiller et de perdre contenance. Répétez en soignant la diction, plusieurs fois, dans le plus grand secret, avant d'affronter votre public. La lecture devra être exécutée sans emphase, d'une voix égale, et si possible, laisser filtrer un léger détachement vis-à-vis du sujet :

> Les pères !... Parlons-en. Des êtres à vomir ! Ils sont le mal en personne. Ils sont chargés de tout ce qu'il y a de laid dans l'humanité. Il n'existe pas de père correct. C'est parce que le rôle des pères est mauvais. Les pères stricts, les pères doux, les pères modérés, sont tout aussi mauvais les uns que les autres. Ils nous barrent la route

dans l'existence en se déchargeant sur nous de leurs complexes d'infériorité, de leurs aspirations non réalisées, de leurs ressentiments, de leurs idéaux, de leurs faiblesses qu'ils n'ont jamais avouées à personne, de leurs fautes, de leurs rêves suaves et des maximes auxquelles ils n'ont jamais eu le courage de se conformer; ceux qui sont les plus indifférents, comme mon père, ne font pas exception à la règle. Leur conscience les blesse parce qu'ils ne font jamais attention à leurs enfants et finalement ils voudraient que les enfants les comprennent.

Mishima
Le Marin rejeté par la mer

D'accord, Mishima y va un peu fort, et encore, vous n'avez pas lu le livre en entier! Mais vous savez, tout le monde pense intérieurement ce que Mishima a écrit *.

Si vous traversez cette période qu'on peut définir comme le temps de l'insoumission et de l'incompréhension, ayez recours au texte de Mishima pour conjurer les démons parricides. Vous comprenez bien que cette prescription ne peut être utilisée qu'une seule fois, mais nous en garantissons l'effet déculpabilisant.

* Note de M.-R. Lefèvre : Ne pouvant retarder plus longtemps la parution de cet ouvrage, je tiens néanmoins à signaler que je n'ai jamais souscrit à l'affirmation de Jacqueline Cahen. Notre différend n'ayant pu être réglé dans des conditions satisfaisantes, je lui laisse l'entière responsabilité de cette phrase.

Attention cependant aux effets secondaires : séparation brutale avec brouille définitive ou réconciliation chaleureuse. Préparez-vous à l'une comme à l'autre.

Hantise de la mort

La mort, avant la mort, après la mort, en attendant la mort... la fréquentation des morts est mal vue aujourd'hui. Le mot sonne comme une obscénité et tel l'enfant qui répète inlassablement les gros mots qu'on lui a interdit de prononcer, Queneau transgresse le tabou en quatre-vingt-trois vers rimés.

Qu'on ne vienne pas l'accuser de pauvreté de vocabulaire, n'importe laquelle de ses œuvres témoigne du contraire. Il s'agit donc là d'autre chose. Un apprivoisement sous forme d'incantation peut-être ?...

Pour le médecin prescripteur du texte suivant, c'est cette lecture qui prévaut, car en nous proposant *L'Instant fatal* de Raymond Queneau, il porte à la rubrique Indications : « Travail du deuil lié à la perte (réelle ou symbolique) d'un être cher. » Et c'est bien de travail qu'il s'agit. Essayez. En duo de préférence. A voix haute toujours. Trouvez votre rythme, baissez l'abat-jour et traversez le royaume des ombres, porté par les alexandrins.

Quand nous pénétrerons la gueule ed' de travers
dans l'empire des morts

avecque nos verrues nos poux et nos cancers
comme en ont tous les morts

lorsque narine close on ira dans la terre
rejoindre tous les morts

après dégustation de pompe funéraire
qui asperge les morts

quand la canine molle on mordra la poussière
que font les os des morts

des bouchons dans l'oreille et le bec dans la bière
abreuvoir pour les morts

lorsque le corps bien las fatigue médullaire
qui esquinte les morts

et le cerveau mité un peu genre gruyère
apanage des morts

quand le chose flétri les machines précaires
guère baisent les morts

et le dos tout voûté la charpente angulaire
peu souples sont les morts

nous irons retrouver le cafard mortuaire
qui grignote les morts

charriant notre cercueil vers notre cimetière
où bougonnent les morts

lorsque le monde aura marmonné ses prières
qui rassurent les morts

et remis notre cause ès dossiers des notaires
ce qui forclôt les morts

distribuant nos argents comme nos inventaires
nos défroques de morts

aux vifs qui comme nous enrhumés éternuèrent
se mouchent plus les morts

quand nous pénétrerons la gueule ed' de travers
dans l'empire des morts

alors il nous faudra lugubres lampadaires
s'éteindre comme morts

et brusquement boucler le cercle élémentaire
qui nous agrège aux morts

il nous faudra brûler nos volontés dernières
à la flamme des morts

et récapituler d'une façon scolaire
nos souvenirs de morts

tu te revois enfant tu souris à la terre
qui recouvre les morts

et tu souris au ciel toit bleu du luminaire
l'oublient vite les morts

tu souris à l'espace irrité de la mer
qui engloutit les morts

et tu souris au feu le bon incendiaire
qui combure les morts

on te sourit à toi c'est ton papa ta mère
 maintenant simples morts

de même que tontons cousins chats et grands-pères
 ne sais-tu qu'ils sont morts

et le bon chien Arthur le caniche Prosper
 ouah ouah qu'ils font les morts

et non moins décédés les glavieux magisters
 de ton temps déjà morts

et non moins macchabés le boucher l'épicière
 une cité de morts

puis te voilà jeune homme et tu vas à la guerre
 où foisonnent les morts

après tu te maries ensuite tu es père
 procréant futurs morts

tu as un bon métier tu vis et tu prospères
 en profitant des morts

te voilà bedonnant tu grisonnes gros père
 tu exècres les morts

puis c'est la maladie et puis c'est la misère
 tu t'inquiètes des morts

toussant et tremblotant tout doux tu dégénères
 tu ressembles aux morts

jusqu'au jour où foutu la gueule ed' de travers
 plongeant parmi les morts

essayant d'agripper la sensation première
 qui n'est pas pour les morts

désireux d'oublier le vocable arbitraire
        qui désigne les morts

tu veux revivre enfin la mémoire plénière
        qui t'éloigne des morts

louable effort! juste tâche! conscience exemplaire
        dont sourient les morts car

toujours l'instant fatal viendra pour nous distraire

Raymond Queneau
L'Instant fatal

Si vous n'avez pas tout lu, remontez au moins jusqu'au onzième vers avant la fin et lisez en prononçant bien chaque mot, surtout ceux des trois dernières lignes. Peut-être n'y parvenez-vous pas, n'insistez pas. Vous reprendrez plus tard la lecture complète de *L'Instant fatal.*

50 ans de mariage

Faut-il être musicien et avoir choisi un autre mode de communication que la parole pour atteindre cinquante ans de mariage? En tout cas, seul un compositeur de musiques a pu nous réciter par cœur cette strophe de Rabelais, et encore, en Lanternoys! Il l'utilise comme antidote lorsqu'il subit une crise de farouche remise en question des noces d'or. Vous qui trouvez ardue la très longue route vers cette étape, entraînez-vous à prononcer fort et distinctement le texte ainsi que sa traduction, puis lisez ou relisez par petits bouts l'œuvre complète de Rabelais : excellent tonique cardiaque, exquis encanaillement.

Briszmarg d'algotbric nubstzne zos,
Isquebfz prusq : alborlz crinqs zacbac.
Misbe dilbarlkz morp nipp stancz bos.
Strombtz, Panrge walmap quost grufz bac.

« Or devine, Épistemon, que c'est?
– Ce sont, respondit Épistemon, noms de diables errans, diables passans, diables rampans.
– Tes parolles sont brayes (dist Panurge) (...). Ce que j'ay dict, translaté de Lanternoys en vulgaire, chante ainsi :

Tout malheur, estant amoureux,
M'accompaignoit : oncq n'y eu bien.
Gens mariez plus sont heureux.
Panurge l'est, et le sçait bien.

Rabelais
Le Tiers Livre XLVII

PRÉCAUTIONS : Éviter la boulimie. Risque certain d'éclatement de rire.
CONTRE-INDICATION : Pour les bègues, lâches et indécis.
EFFETS SECONDAIRES : Rend plus intelligent et plus rebelle à toutes sortes de pouvoir, ou conformisme.

Indigestions mondaines

Voici un remède souverain contre l'ennui et les lourdeurs en tout genre liés aux dîners professionnels, débats, séminaires. Impeccable aussi pour toutes digestions, soirées poétiques, salons littéraires, lecture de poésie blanche et autres allocutions.

Photocopier le texte et le garder en poche. Le répéter au moins deux fois avant de sortir, en suivant bien les indications de lecture. Puis laisser sa timidité au vestiaire ou attendre les premiers effets des boissons alcoolisées. Surtout, ne pas chercher le consensus, se satisfaire au début de l'attention d'une seule personne.

(Rouler fortement les R;)

HARMONIQUE ET BARITON FUNÉRAIRE

A Radom, les rôtisseries radioscopiques
rament au ralenti de rude ravage
raturant la récolte
                des renoncules et
                du rentrayage
en rocou de rôdeur roux de rage qui rudoie
dans les rues rocheuses du renouveau
                raide aux rockets

recolle à la réclame du récif rapsodique
de la recherche
pour obtenir des récompenses
de brutal récipient
rechigné qui roussit d'encre et de rougeoiement
de rhodoide
rêche et reversible qui ressent la révérencieuse
révélation des
revendicateurs
rétrogrades
devant les réverbères reverdis
brouillés de ronronnements
de rongeurs de ruisseau en ruine
et de râle de récital
recoloré
au réchaud dans une région de rechange
et de régal de régicide surnommé
reginglette
de la régie réfugiée près du régiment de
régie rudimentaire
et qui ravit l'horrible ravalement
des avares arrivistes qui refusent le
recensement
des ogres et du regard
aux roulettes réfrigérées dans les hangars
réels
de la réflexion par le référendum des redingotes
reléguées à la remâche des racailles
ruisselantes
dans les ravins rustiques où les grains de riz
sont ronds et enrobés dans leurs robes
angora
robot robot robot robot robot robot robot robot
rubis
rabat
à Rabbat père rubu roux au risque de râter
râpe et rouston âpre au rapine rototoche
ripette dans la rue rouge et rêche raclant l'or
roudoudou rôtant la rage raide et rococo
rire
ratisser
recouvrir
sur la route rognée et raffinée comme une biroute

en rappant
rock
rock
rock

Joël Hubaut
Robe grillée
(pyromanie érotique).

POSOLOGIE ET MODE D'EMPLOI : Recommandé aussi pour draguer dans les transits Air-France et sur la ligne RER.
CONTRE-INDICATIONS : Cellule des Jeunesses Communistes et Club Méditerranée de 14 h à 16 h.
PRÉCAUTION : Évitez la Bière et le Vichy.
EFFETS SECONDAIRES : Risque de provoquer un accent permanent de type charentais ou basque.

Hiver trop long

Si grise est la ville en mars,
Si loin le dernier reflet du soleil sur la mer,
Tant improbable l'éclosion d'une fleur d'amandier sous vos yeux.

Comme si vous étiez exilé depuis plus de 6 mois à Toronto, l'hiver n'en finit pas. Il a encore neigé hier. Désœuvré, abattu, vous errez dans la ville triste. En passant devant un cimetière, vous choisissez de vous enfoncer un peu plus encore dans la morosité. A peine entré, vos yeux s'accrochent à ces lignes gravées dans la pierre.

The curtains dance
with colours of summer flowers

smell the floral breeze!

Masajiro Shikatani

Les rideaux s'animent
des couleurs des fleurs de l'été

sentez-la, la brise fragrante!

Mais oui bien sûr, l'air a déjà une odeur de fleurs et les nuages ont la forme d'hibiscus. Le printemps est là, vous ne l'aviez pas vu.

Lorsque notre ami de Toronto se laisse submerger par la tristesse ou la mélancolie d'un hiver qui semble ne jamais devoir finir, il aime se réciter ce court poème. Son père en est l'auteur, et ces lignes sont gravées sur la tombe où il repose.

Si un état de nervosité générale a succédé à l'ennui, dire et redire ce texte, avec passion, mais sans grandiloquence, vous aidera à résister à la tentation d'une fuite irresponsable et dispendieuse vers le soleil des affiches publicitaires.

Complétez le traitement en allant vous réchauffer p. 103 avec le texte de Georges Bataille.

Veille forcée

Pour notre cousin reporter en mission au Salvador en 1980, alors que le couvre-feu lui imposait la réclusion dans une méchante chambre d'hôtel durant les longues et chaudes nuits tropicales, en l'absence d'aucune Lola Montes, le réconfort lui venait de Tristan Corbière et de ses *Amours jaunes.*

INSOMNIE

Insomnie, impalpable Bête!
N'as-tu d'amour que dans la tête?
Pour venir te pâmer à voir,
Sous ton mauvais œil, l'homme mordre
Ses draps, et dans l'ennui se tordre!...
Sous ton œil de diamant noir.

Dis : pourquoi, durant la nuit blanche,
Pluvieuse comme un dimanche,
Venir nous lécher comme un chien :
Espérance ou Regret qui veille,
A notre palpitante oreille
Parler bas... et ne dire rien?

Pourquoi, sur notre gorge aride,
Toujours pencher ta coupe vide
Et nous laisser le cou tendu,
Tantales, soiffeurs de chimère :
– Philtre amoureux ou lie amère
Fraîche rosée ou plomb fondu! –

Insomnie, es-tu donc pas belle?...
Eh pourquoi, lubrique pucelle,
Nous étreindre entre tes genoux?
Pourquoi râler sur notre bouche,
Pourquoi défaire notre couche,
Et... ne pas coucher avec nous?

Pourquoi, Belle-de-nuit impure,
Ce masque noir sur ta figure?...
– Pour intriguer les songes d'or?...
N'es-tu pas l'amour dans l'espace,
Souffle de Messaline lasse,
Mais pas rassasiée encor!

Insomnie, es-tu l'Hystérie...
Es-tu l'orgue de barbarie
Qui moud l'*Hosannah* des Élus?...
– Ou n'es-tu pas l'éternel plectre,
Sur les nerfs des damnés-de-lettre,
Raclant leurs vers – qu'eux seuls ont lus.

Insomnie, es-tu l'âne en peine
De Buridan – ou le phalène
De l'enfer? – Ton baiser de feu
Laisse un goût froidi de fer rouge...
Oh! viens te poser dans mon bouge!...
Nous dormirons ensemble un peu.

Tristan Corbière
Les Amours jaunes

Ce texte n'a manifestement pas de prétentions curatives pour les insomnies s'accompagnant d'angoisses. Mais on peut affronter les difficultés d'endormissement de façons différentes. Certains avalent un (ou plusieurs) verres de rhum pur, d'autres prennent un grand bol de lait chaud. Sans parler du recours aux drogues. En lecture aussi, il y a des styles. Pour ceux que quelques vers de Corbière ne suffisent pas à assoupir, nous les renvoyons à l'indication Insomnie (p. 95).

Suicide

(Dans l'acception du terme anglais *felo de se*, traître à soi-même.)

Non, non et non! Pour nous c'est non.

Nous vous épargnerons la longue liste des suicidés qui ne peuvent rien dire du bienfait du suicide.

Nous passerons aussi sur les vastes écrits des vivants parlant du bien-fondé du suicide.

Nous tairons les apologies, les tentations, les justifications.

Pour nous c'est non.

Aussi longtemps qu'il est possible.

Rusez.

Ayez recours à tous les moyens.

Voici, de sa main, celui utilisé par Jean-François Bory, pour déjouer ses pulsions de mort.

Titre & auteur :

BIEN MAL COMPRIS - d'André FRÉDÉRIQUE
(éditions PLASMA)

Contre-indications :

BAVARDAGES, AMATEURS de T.V.

Texte :

— LE Suicide?
APRÈS LES VACANCES..! (*)

(*) c'est un MONOSTICHE, en effet [à cause du tiret]

Précautions (facultatif) :

NE PAS prendre de VACANCES

Ce traitement ne vous convient pas? Reportez-vous alors page 187 au texte de Queneau *L'Instant fatal*.

Mal du pays

Lorsqu'on est à 5 000 kilomètres de chez soi, dans un pays de langue étrangère, s'asseoir sur ses bagages, de préférence au grand air, s'assurer qu'on est bien seul et déclamer avec emphase *Les Attitudes spectrales* d'André Breton, c'est à coup sûr le bon moyen de surmonter la nostalgie qui s'empare du voyageur, du nomade, de l'exilé.

Et s'adonner sans réserve, à travers ce texte, au plaisir de la bouche et de la langue, c'est se retrouver soi-même, par une plongée libératoire dans un imaginaire à la fois déroutant et familier; car on peut être en manque du plaisir des mots connus depuis l'enfance, comme manquent les goûts, les odeurs, les amis.

Je n'attache aucune importance à la vie
Je n'épingle pas le moindre papillon de vie à l'importance
Je n'importe pas à la vie
Mais les rameaux du sel les rameaux blancs
Toutes les bulles d'ombre
Et les anémones de mer
Descendent et respirent à l'intérieur de ma pensée
Ils viennent des pleurs que je ne verse pas
Des pas que je ne fais pas qui sont deux fois des pas
Et dont le sable se souvient à la marée montante
Les barreaux sont à l'intérieur de la cage

Et les oiseaux viennent de très haut chanter devant ces barreaux
Un passage souterrain unit tous les parfums
Un jour une femme s'y engagea
Cette femme devint si brillante que je ne pus la voir
De ces yeux qui m'ont vu moi-même brûler
J'avais déjà cet âge que j'ai
Et je veillais sur moi sur ma pensée comme un gardien de nuit dans une immense fabrique
Seul gardien
Le rond-point enchantait toujours les mêmes tramways
Les figures de plâtre n'avaient rien perdu de leur expression
Elles mordaient la figue du sourire
Je connais une draperie dans une ville disparue
S'il me plaisait de vous apparaître vêtu de cette draperie
Vous croiriez à l'approche de votre fin
Comme à la mienne
Enfin les fontaines comprendraient qu'il ne faut pas dire Fontaine
On attire les loups avec les miroirs de neige
Je possède une barque détachée de tous les climats
Je suis entraîné par une banquise aux dents de flamme
Je coupe et je fends le bois de cet arbre qui sera toujours vert
Un musicien se prend dans les cordes de son instrument
Le Pavillon Noir du temps d'aucune histoire d'enfance
Aborde un vaisseau qui n'est encore que le fantôme du sien
Il y a peut-être une garde à cette épée
Mais dans cette garde il y a déjà un duel
Au cours duquel les deux adversaires se désarment
Le mort est le moins offensé
L'avenir n'est jamais

Les rideaux qui n'ont jamais été levés
Flottent aux fenêtres des maisons qu'on construira
Les lits faits de tous les lys
Glissent sous les lampes de rosée
Un soir viendra
Les pépites de lumière s'immobilisent sous la mousse bleue
Les mains qui font et défont les nœuds de l'amour et de l'air
Gardent toute leur transparence pour ceux qui voient
Ils voient les palmes sur les mains
Les couronnes dans les yeux

Mais le brasier des couronnes et des palmes
S'allume ne fait à peine que s'allumer au plus profond de la forêt
Là où les cerfs mirent en penchant la tête les années
On n'entend encore qu'un faible battement
D'où procèdent mille bruits plus légers ou plus sourds
Et ce battement se perpétue
Il y a des robes qui vibrent
Et leur vibration est à l'unisson de ce battement
Mais quand je veux voir le visage de celles qui les portent
Un grand brouillard se lève de terre
Au bas des clochers derrière les plus élégants réservoirs de vie et de richesse
Dans les gorges qui s'obscurcissent entre deux montagnes
Sur la mer à l'heure où le soleil fraîchit
Les êtres qui me font signe sont séparés par des étoiles
Et pourtant la voiture lancée au grand galop
Emporte jusqu'à ma dernière hésitation
Qui m'attend là-bas dans la ville où les statues de bronze et de pierre ont changé de place avec les statues de cire
Banians banians

André Breton
Les Attitudes spectrales

Ce texte magnifique a le double avantage de guérir le mal du pays sans ôter le goût du voyage.

Sauf mémoire exceptionnelle, il est trop long pour s'apprendre par cœur. Dorénavant, il fera donc partie de vos bagages. Et lorsque, sédentaire depuis longtemps, vous aurez la nostalgie des horizons lointains, il gardera sa magie.

Sectarisme

INDICATION : Défense orale et gestuelle en climat hostile, climat qui peut être d'ordre minéral ou végétal, voire animal et le plus souvent humain.
CONTRE-INDICATION : Si le patient est en climat hostile de type fanatique ou religieux-sectaire.
POSOLOGIE ET MODE D'EMPLOI : A clamer haut et fort dans un lieu public très fréquenté, en marchant avec ampleur et en bousculant la foule.

> Un homme avance sur la
> terre de toutes les couleurs :
> il n'est pas musulman,
> il n'est pas infidèle,
> il n'est pas riche,
> il n'est pas pauvre,
> il ne croit pas en Allah,
> il ne respecte pas les lois,
> il ne croit pas à la vérité,
> il n'affirme rien.
> Quel est cet homme triste et
> courageux sur la terre de
> toutes les couleurs ?
>
> Omar Keyyam
> *Robayyat*

EFFET SECONDAIRE : Reconduit les sevrés de fraîche date à une consommation immodérée de l'alcool.

Nous connaissons un homme qui a scrupuleusement respecté les consignes de la posologie.

Rêvons d'une multitude.

EN GUISE D'ÉPILOGUE

> Pouvez-vous comprendre que je refuse de troubler par quelque espèce que ce soit de traitement, surtout secourable, un ordre infiniment supérieur auquel je donne raison alors même qu'il m'anéantit?
>
> Je ne puis songer à la thérapie que dans mes moments d'impuissance, au vrai, je ne tolère aucune intrusion, aucun allègement à la détresse que de surmonter et d'accomplir.
>
> Une seule issue légitime : l'endurance.
>
> Rien ne peut être plus fatal, plus mortel que le recours aux classements, aux fiches, aux contrôles.
>
> Quelle indiscrétion de traquer le chaos quand le chaos est Dieu.
>
> Rainer Maria Rilke
> *Œuvres III*

Relisez ce texte salvateur dès que vous vous sentez assez faible pour céder à la thérapie et son arsenal réducteur. Retenez l'exigence de liberté de Rilke, capable, dans la souffrance, d'un sursaut rebelle.

Cultivez votre chaos avec quiétude, c'est tout le bien que nous vous souhaitons.

MOTS CLÉS

Abattement, p. 30.
Absence, p. 139.
Accablement, p. 129, 178.
Agonie, p. 155.
Agitation, p. 113.
Amour, p. 123, 132, 135.
– besoin physiologique, p. 33.
Angoisse, p. 115, 120, 146.
Anxiété, p. 113.
Aphasie, p. 68.
Arthrose cervicale, p. 36.
Asthénie, p. 30.
– du noctambule, p. 158.
Ataxie locomotrice, p. 70.
Atonie, p. 90.

Beauté, p. 105.
Blessure narcissique, p. 85.
Blocages, p. 46.
Bonheur, p. 132.
Boulimie, p. 73, 192.
Bout du rouleau, p. 63.

Cafard, p. 25, 155.
Calcium, p. 75.
Câlins, p. 22.
Calme, p. 112.
Castration matrimoniale, p. 154.
Cecil B. de Mille, p. 39.
Chagrin, p. 160.
– d'amour, p. 139.
Chaleur, p. 103.
Chaleurs, p. 33, 144.
Chasteté, p. 77.
Cimetière, p. 61, 196.
Claustrophobie, p. 35.
Climat hostile, p. 206.
Colère, p. 20, 129.
Confusion mentale, p. 53.
Continence, p. 77.
Contraception, p. 79.
Courbatures, p. 81.
Crainte de l'éphémère, p. 132.
Crampes, p. 75.
Crime, p. 178.

Dada, p. 37, 113 (note).
Démoralisation, p. 45.
Dents, p. 30.

Dépendance, p. 63.
Déprime, p. 30, 52, 63.
Derviches Tourneurs, p. 49.
Désespoir, p. 25, 115, 146.
Désir, p. 134.
Désordre intérieur, p. 111.
Détresse
 – amoureuse, p. 134.
 – nocturne, p. 25.
Deuil, p. 160.
 – travail du..., p. 186.
Divorce, p. 176, 178.
Douche froide, p. 41.
Doute, p. 115.
Drague, p. 195.
Dyspnée, p. 83.

Échec, p. 141.
Ego, p. 132.
Éloignement, p. 136.
Ennui, p. 193.
Envies meurtrières, p. 154.
Épitaphe, p. 61.
Érotisme, p. 43.
Étoiles, p. 146.
Étouffements, p. 83.
Exercices, p. 118.
Exil, p. 151, 202.

Fatigue, p. 113, 144.
 – existentielle, p. 166.
Fébrilité, p. 100.
Fiasco sexuel, p. 84.
Fièvre, p. 88.
 – sexuelle, p. 33, 144.
Fluxus, p. 113.
Fourmillements, p. 39, 75.
Frigidité, p. 128.
Frissons, p. 92, 120.
Fureur, p. 131.

Gel intérieur, p. 50.
Grain de folie, p. 56.

Haïku, p. 18.
Haine, p. 178.
Hallucinations, p. 146.
Hargne, p. 31.
Héméralopie, p. 111.
Hippies, p. 115.
Hiver, p. 196.
Hoquet, p. 90.
Humeurs
 – congénitales, p. 31.
 – noires, p. 50.
Hygiène, p. 118.
Hyperactivité, p. 113.

Iles, p. 50.
Impatiences, p. 39.
Inappétence, p. 92.
Incompréhension, p. 184.
Indigestions
 – bénigne, p. 19.
 – civique, p. 59.
 – mondaines, p. 193.
Inhibition, p. 46.

– verbale, p. 68.
Insatiabilité, p. 61.
Insomnie, p. 95, 198.
Insoumission, p. 184.
Insurrection, p. 59.
Intolérance, p. 181.
Intoxication alcoolique, p. 97.
Irritation, p. .
Ivresse, p. 174.

Jalousie, p. 146.
Jazz, p. 97, 151.

Larmes, p. 134, 136.
Lassitude, p. 52.
Libations, p. 174.
Libido, p. 46.
Lourdeurs, p. 193.

Magnésium, p. 75.
Maîtresse, p. 163.
Mal
– de dents, p. 30.
– de tête, p. 98.
– du pays, p. 202.
Manque, p. 134, 139.
Mariage (50 ans de), p. 191.
Mars, p. 158, 196.
Méchanceté, p. 27.
Mégalomanie, p. 18.
Mélancolie, p. 30.
Ménage, p. , 168.
Métro, p. 35.
Mièvrerie, p. 128.
Migraines, p. 98.
Misogynie, p. 22, 165.
Morosité, p. 196.
Mort, p. 120, 141.
– approche de la, p. 155.
– hantise de la, p. 186.
– peur de la, p. 88.
– pulsions de, p. 200.
Mutisme, p. 83.

Nausées, p. 35, 92.
Neurasthénie, p. 30.
Néo-cortex, p. 34.
Noces d'or, p. 191.
Noël, p. 183.
Noir, p. 27, 95.
Nomade, p. 202.
Non-violence, p. 179.
Nostalgie, p. 176, 202.
Nuit, p. 25, 95, 97, 146, 158.
– tropicale, p. 198.

Opossum, p. 88.
Overdose, p. 150.

Palpitations, p. 100.
Panique, p. 70.
Paralysie, p. 70.
Père, p. 183.
Perfidies, p. 163.
Pertes sensorielles, p. 166.
Pessimisme, p. 37.
Piano, p. 176.

Pilules, p. 79.
Poésologie, p. 157.
Poirier, p. 111.
Pranothérapie, p. 68.

Raideurs, p. 81.
Rancœurs, p. 27.
Réclusion, p. 198.
Rhume, p. 103.
Rosbif, p. 154.
Rupture, p. 164.
Rut, p. 33.

Salomé, p. 125.
Scènes conjugales, p. 129.
Scissure de Rolando, p. 71.
Sectarisme, p. 206.
Séduction, p. 125.
Séparation, p. 176, 178.
Soif, p. 63.
 – d'absolu, p. 48.
 – d'infini, p. 25.
Solitude, p. 155.
Soufi, p. 49, 135.
Spleen, p. 50.
Stress, p. 63, 105.
Suicide, p. 141, 200.
Surmenage, p. 113.
 – domestique, p. 168.
 – intellectuel, p. 172.
 – urbain, p. 166.

Tabou, p. 186.
Tachycardie, p. 100.
Tétanie, p. 75.
Tex Avery, p. 100.
Timidité, p. 125.
Travail, p. 63.

Vacances, p. 142.
Vague à l'âme, p. 55.
Veille, p. 198.
Ventre, p. 73.
Vertige, p. 70, 100.
Vide, p. 114, 146.
Violence, p. 129.
Voyage, p. 205.

Whisky, p. 25.
Workoholic, p. 63.

CRÉDIT DES ILLUSTRATIONS

« Par le recours au talisman d'assistance, sérénité et bonne fortune vous seront données dans l'accomplissement de toutes les tâches que vous entreprendrez. » (*Daozang* 668-3 : 29b.)
Laszlo Legeza.
La Magie du Tao © Thames & Huston, Londres, 1976 (p. 110).

Holderlin
Plans et Fragments.
Trad. de la Revue de Poésie, 1964.
© La Pléiade/Gallimard, 1967 (p. 150).

Alain Schifres (p. 157).
Poème visuel, *in* Doc[k]s hiver 1987-1988.

CRÉDIT DES TEXTES

Les textes cités dans cet ouvrage sont reproduits avec l'aimable autorisation des auteurs et éditeurs suivants :

ALLAIS Alphonse, propos détaché de *Propos détachés de Sam Weller, IIe et finale série. Allais...grement,* Le Livre de poche, 1965 (p. 154).

ANONYME, stèle de marbre. Traduit du grec par Ornella Tondini. Musée Panormitano. Lipari (p. 62).

APOLLINAIRE Guillaume, *La Chanson du Mal-Aimé.* © Éditions Gallimard, 1965, coll. La Pléiade (p. 21).
– *Cortège* (extraits), in *Alcools.* © Éditions Gallimard, 1965, coll. La Pléiade (p. 35).

ARAGON Louis, *Suicide* in *L'Œuvre poétique II,* 1921-1925. (Éditions Livre Club Diderot.) © 1974 by Aragon (p. 37).

ARP (p. 114).

ARTAUD Antonin, *Lettres de ménage,* in *L'Ombilic des Limbes.* © Éditions Gallimard, 1956, coll. Poésie (p. 129).
– *Nouveaux Écrits de Rodez.* © Éditions Gallimard, 1977, coll. Blanche (p. 33 et 45).

BABEL Isaac, *Bagrat-Ogly et les yeux de son taureau*, in *Contes d'Odessa.* © Éditions Gallimard, 1967, coll. Du Monde entier (p. 85).

BACHELARD Gaston, *Instant poétique et instant métaphysique II*, in *L'intuition de l'instant.* © Éditions Stock, 1932 (p. 53).

BATAILLE Georges, *Gloria in excelsis mihi*, in *L'Expérience intérieure. Œuvres complètes V.* © Éditions Gallimard, 1973, coll. Blanche (p. 103).

BAUDELAIRE Charles, *Les Aveugles*, in *Tableaux parisiens XCII.* Éditions Gallimard, 1975, coll. La Plôiado (p. 23).
– *Spleen et idéal XLII* (extrait). Éditions Gallimard, 1975, coll. La Pléiade (p. 105).

BELLAY Joachim du, *Ceux qui sont amoureux... (Les Regrets).* Les Poètes de la Pléiade. Librairie A. Lemerre, 1942 (p. 181).

BELTRAMETTI Franco, *Airmail Postcards.* © Vehicle Editions, New York City, 1979. Traduit de l'anglais par Jacqueline Cahen et Marie-Rose Lefèvre (p. 118).

BEZENÇON Hélène, *Les Yeux au bord des lèvres.* Inédit (p. 92).

BORGÈS (p. 14).

BRETON André, *Les Attitudes spectrales*, in *Le Revolver à cheveux blancs* (1932). © Éditions Gallimard, 1948, coll. Soleil (p. 202).

BURGAUD Christian, *Au travers d'un cercle.* © Revue *Plages* n° 22 (p. 78).

BURROUGHS William Steward, *Exterminateur!* © Éditions Christian Bourgois, 1974. Traduit de l'américain par Mary Beach et Claude Pelieu-Washburn (p. 169).

CENDRARS Blaise, *Feuilles de route*, in *Au Cœur du monde.* (Éditions Gallimard, coll. Poésie.) © Éditions Denoël, 1947 (p. 50).

CORBIÈRE Tristan, *Insomnie*, in *Les Amours jaunes.* Éditions Gallimard, 1970, coll. La Pléiade (p. 198).

GENET Jean, *Un Captif amoureux.* © Éditions Gallimard, 1986, coll. Blanche (p. 132).

GIBRAN Khalil, *Le Prophète.* © Éditions Sindbad, Paris, 1982. Traduit de l'anglais par Antoine Ghattas-Karam (p. 115).

GUILLÈN Nicolàs, *Madrigal.* © Les Éditeurs Français réunis, 1976. Traduit du cubain par Pierre Gamarra (p. 177).

HEIDSIECK Bernard, *La Scissure de Rolando* (biopsie 9). Avril 1968. Inédit (p. 71).

HUBAUT Joël, *Harmonique et bariton funéraire*, in *Robe grillée (pyromanie érotique).* © Éditions Yvon Gay, Honfleur, 1973 (p. 193).

JIMÉNEZ Juan Ramón, *Platero y yo.* © Éditions Aguilar, Madrid, 1963. Traduction libre de l'espagnol par R. Osorio (p. 161).

KANRÔ, *Le Libre du haïku.* © Éditions Phébus, 1979. Traduit du japonais par Maurice Coyaud (p. 18).

KEYYAM Omar, *Robayyat*. © Éditions Nèpe, Pages Précieuses, 1971. Traduit du persan par Taha Ben Kempta (p. 206).

KOLLER James, *Possum Song*. © 1987 by Supernova (p. 88).

LABÉ Louise, *Sonnet VIII – Œuvres poétiques*. Le Club Français du Livre, 1947 (p. 140).

LAMARCK, *Philosophie zoologique* (p. 77).

LANZA DEL VASTO, *Le Pèlerinage aux sources*. (Éditions Gallimard, coll. Folio.) © Denoël, 1943 (p. 178).

LAPOINTE Boby, *Méli-Mélodie*. © 1961 by Éditions Francis Dreyfus (p. 56).

LAO TSEU, *Tao Te King-I*. © Éditions Gallimard, 1967, coll. Idées. Traduit du chinois par Liou Kia-Hway (p. 111).
– *Tao Te King*. Traduction inédite de l'espagnol par Esther Ferrer (p. 114).

LEMNIUS (p. 45).

LOWRY Malcolm, *Pour l'amour de mourir* (extrait). © Éditions La Différence, 1976. Traduit de l'anglais par J.-Y. Luccioni (p. 63).

LUCA Ghérasim, *Quart d'heure de culture métaphysique*, in *Le Chant de la Carpe*. © Éditions José Corti, 1986 (p. 120).

MAÏAKOVSKI, *Écoutez!* (1913). © Éditeurs Français Réunis, 1957. Traduit du russe par Elsa Triolet (p. 146).

MALLARMÉ Stéphane, *L'Après-midi d'un Faune*. Éditions Gallimard, 1945, coll. La Pléiade (p. 40).
– *Dédicaces, autographes, envois divers XCIII*. Éditions Gallimard, 1945, coll. La Pléiade (p. 30).
– *Plusieurs sonnets*. Éditions Gallimard, 1945, coll. La Pléiade (p. 151).

MELVILLE Herman, *Moby Dick*. © Éditions Gallimard, 1941, hors série. Traduit de l'anglais par Jean Giono, Lucien Jacques et Joan Smith (p. 25).

MICHAUX Henri, *Mes Propriétés*, in *La Nuit remue*. © Éditions Gallimard, 1967, coll. Blanche (p. 16 et 46).
– *Qui je fus* in *L'Espace du dedans*. © Éditions Gallimard, 1966, coll. Blanche (p. 31).

MILOSZ O.-V. de L., extrait du tableau VI de *Don Juan*. © Éditions André Silvaire (p. 27).

MISHIMA, *Le Marin rejeté par la mer*. © Éditions Gallimard, 1968, coll. Folio. Traduit du japonais par G. Renondeau (p. 183).

MONTAIGNE (p. 30 et 84).

MONTESQUIEU (p. 149).

MUSSET Alfred de, *Sur une morte*. Éditions Gallimard, 1933, coll. La Pléiade (p. 100 et 101).

NIN Anaïs, *La Maison de l'inceste*. © Éditions de La Table Ronde, 1964. Traduit de l'anglais par Jean Le Gall Trocuré (p. 55).

ORESME (p. 77).

PARANT Jean-Luc, *L'Adieu aux animaux*. © Éditions Christian Bourgois, 1988 (p. 73).

PAVESE Cesare, *La mort viendra et elle aura tes yeux*. © Éditions Gallimard, 1969, coll. Poésie. Traduit de l'italien par Gilles de Van (p. 141).

PESSOA Fernando, *Vers l'au-delà d'un autre océan* de C. Pacheco, in *Visage avec masques*. © Éditions Alfred Eibel, Lausanne, 1978. Traduit du portugais par A. Guibert (p. 98).

PIRHASAN Baris, *Le Lac fermé*. Traduit du turc par Erhan Sökmen et Marie-Rose Lefèvre (p. 144).

PRÉVERT Jacques, *Paroles*. © Éditions Gallimard, 1949, coll. Le Point du Jour (p. 173).

PRUDHOMME Sully, *L'agonie* (extrait), in *Poésies 1866-1872 : Les Solitudes*. Éditions Alphonse Lemerre (p. 155).

QUENEAU Raymond, *L'Instant fatal*. © Éditions Gallimard, 1966, coll. Poésie (p. 187).
– *Petite Cosmogonie portative*, in *Chêne et chien*. © Éditions Gallimard, 1969, coll. Poésie (p. 95).

RABELAIS, *Le Tiers Livre XLVII*, in *Œuvres complètes*. Éditions Gallimard, 1966, coll. La Pléiade (p. 191).

RATISBONNE Louis (1827-1900), *Les Pilules*. Extrait de *La Comédie enfantine* (1re édition : 1860) (p. 79).

RICTUS Jehan, *Nocturne I* (extraits), in *Les Masons* dans *Les Soliloques du pauvre.* Éditions d'Aujourd'hui, 1977 (p. 158).

RILKE Rainer Maria, *Lettres à un jeune poète.* © Éditions Bernard Grasset, 1937. Traduit de l'allemand par B. Grasset et R. Biemel (p. 136).
– *Œuvres III,* in *Correspondance.* © Éditions Le Seuil, 1976 (p. 209).
– *Sonnets à Orphée II* (1er Sonnet). © Éditions Insel-Verlag 1929. Frankfurt-am-Main. Traduction libre d'Annie Vacelet (p. 75).

RIMBAUD Arthur, *Le Bateau Ivre,* in *Poésies.* Éditions Gallimard, 1954, coll. La Pléiade (p. 153).
– *Sensation* in *Poésies.* Éditions Gallimard, 1954, coll. La Pléiade (p. 167).
– *Soleil et Chair* (extrait). Éditions Gallimard, 1954, coll. La Pléiade (p. 59).

RÛMÎ, *Anthologie du soufisme.* Eva de Vitray-Meyerovitch. © Éditions Sindbad, Paris, 1978 (p. 48).

SACHS Nelly, *Le Cygne,* in *Présence à la nuit.* © Éditions Suhrkamp Verlag Frankfurt am Main 1961. (Éditions Gallimard, 1969, coll. Du Monde entier. Traduction de l'allemand par Lionel Richard) (p. 168).

SA'DI (attribué à). *Basil Bunting's collected Poems* (extrait). © Oxford University Press, 1978. Traduit de l'anglais par Marie-Rose Lefèvre et Jacqueline Cahen (p. 134).

SAINT-JOHN PERSE, *Amers* (Strophe). © Éditions Gallimard, 1972, coll. La Pléiade (p. 106).
– *Vents III, 5.* © Éditions Gallimard, 1972, coll. La Pléiade (p. 97).

SAINT-POL ROUX, *Cigales* (extrait), in *Les Reposoirs de la Procession I.* © Éditions Rougerie, 1980 (p. 91).

Basil Bunting's collected poems (extrait).

SHAKESPEARE William, *Sonnet CXXX* (extrait), in *Sonnets.* © Mercure de France, 1969, coll. Poésie. Traduit de l'anglais par Pierre Jean Jouve (p. 164).

SHIKATANI Masajiro. Traduit du japonais par G. Shikatani (p. 196).

STENDHAL (p. 84).

TARDIEU Jean, *Les Préfixes,* in *Le Fleuve caché.* © Éditions Gallimard, 1951, coll. Poésie (p. 174).

VERLAINE Paul, *Sagesse III-X.* Éditions Gallimard, 1962, coll. La Pléiade (p. 22).

VIGNY Alfred de (20 mai 1817), *Le Bain d'une dame romaine.* Éditions Gallimard, 1986, coll. La Pléiade (p. 82).

WILDE Oscar, *Salomé.* Éditions d'Aujourd'hui, 1985 (p. 125).

Petite anthologie de poésie thérapeutique

Vous est-il déjà arrivé
lors d'une souffrance morale ou physique
d'être immédiatement soulagé
par la lecture d'un texte poétique?

Nous vous demandons de répondre à cette question par l'intermédiaire de la fiche thérapeutique ci-jointe.
Votre réponse doit correspondre à une expérience précise et être aussi détaillée que possible.
Vous pouvez choisir un texte d'auteur de n'importe quelle époque, sans distinction de langue (dans ce cas, fournissez l'original et la traduction), ou un texte que vous auriez écrit dans un but de soulagement, le vôtre ou celui d'un(e) ami(e).
Vous pouvez donner une photocopie du texte ou le recopier fidèlement (toute erreur pouvant donner lieu à des poursuites judiciaires). S'il s'agit d'un texte déjà publié, indiquez les références d'édition, si vous citez de mémoire, précisez-le.
Dans le cas où vous proposez plusieurs textes, faites une fiche thérapeutique pour chacun.
Nous vous remercions de votre aimable collaboration.

Jacqueline Cahen

Marie-Rose Lefèvre

Petite anthologie de poésie thérapeutique

Indications :

Contre-indications :

Posologie et mode d'emploi :

Précautions (facultatif) :

Effets secondaires :

Prescrit par (noms et qualités) :

Fiche à retourner remplie au Mercure de France à l'intention de Jacqueline CAHEN et Marie-Rose LEFÈVRE

Petite anthologie de poésie thérapeutique

Auteur :

Titre :

Édition :

Traduction :

TEXTE

CET OUVRAGE
A ÉTÉ COMPOSÉ
ET ACHEVÉ D'IMPRIMER
SUR ROTO-PAGE
PAR L'IMPRIMERIE FLOCH
À MAYENNE EN JANVIER 1989

N° d'impression : 27416.
Dépôt légal : janvier 1989.

7303